U0128679

林明理報刊評論

〈1990-2000〉

林 明 理 著

文史哲評論叢刊

文史哲出版社印行

國家圖書館出版品預行編目資料

林明理報刊評論：〈1990-2000〉/ 林明理
　著.--初版--臺北市：文史哲, 民 102.11
　面：　公分.--（文史哲評論叢刊；5）
　ISBN 978-986-314-155-6（平裝）

1.言論集　2.時事評論

078　　　　　　　　　　　　102025023

文史哲評論叢刊　　5

林明理報刊評論
〈1990-2000〉

著　　者：林　　　明　　　理
出 版 者：文　史　哲　出　版　社
　　　　　http://www.lapen.com.tw
　　　　　e-mail：lapen@ms74.hinet.net
登記證字號：行政院新聞局版臺業字五三三七號
發 行 人：彭　　　　　正　　　　　雄
發 行 所：文　史　哲　出　版　社
印 刷 者：文　史　哲　出　版　社
　　　　　臺北市羅斯福路一段七十二巷四號
　　　　　郵政劃撥帳號：一六一八○一七五
　　　　　電話886-2-23511028 · 傳真886-2-23965656

實價新臺幣二八○元

中華民國一○二年（2013）十一月初版

圖　版　1

作者與綠蒂理事長於參訪馬來西亞中。 2013.10.23

作者在馬來西亞舉辦的第33屆世界詩人大會中與頒獎的世詩會會長楊允達博士及獲博士證書者合照 2013.10.25

作者獲榮譽文學博士證書於世詩會 2013.10.23

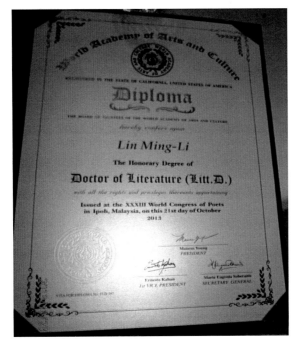

上圖：作者獲榮譽文學博士證書於世詩會 2013.10.23
下圖：作者與 Dr.ERNESTO KAHAN 1985 年諾貝爾和平獎得主以色列詩人可罕.恩涅斯托於馬來西亞世詩會參訪中。

自　序

── 在時光的倒影中

　　如果有人問我：「最想做個什麼樣的人？」我會毫不猶豫地回答：「想做個詩人。」

　　在時光的倒影中，這些年來，新詩一直陪伴著我，不管時序如何推進，我將讀詩、寫詩、繪畫與評論結合，以文學書寫人生。

　　如果我是一顆星，這星的用處便是放射於淡淡的雲層，哪怕只照徹一角落的幽暗。如果我是一朵雲，便要在隱隱的朝霞背後，露出蘋果也似的笑容。諸如這樣的夢想時時貼進我寫作時的心情，讓我的心去造一個更寬廣的世界。而這世界裡是不用明說的，有時，它安靜如水；有時，卻傷感如夜裡的白樺。

　　這簡靜的三坪書房，每當輕敲著鍵盤時，總叫我想化為一葉舟，一股腦兒划入我兒時久遊的夢；或者想當個真正的行者，永遠走向黎明的。總以為忘不了的，是那綿密的鄉愁；總以為我有意氣，也有豪情，登上雲間的白頂即為山峰。

　　然而，詩人的宿命到底是什麼？我納悶，也探索過。原來詩人生命的魅力，在於它創作過程的一份激情，一份感動。詩人也是一個平凡的人，人人都可以寫詩。只要下定決心，寫詩往往也可以激勵一些苦悶、徬徨中的讀友。

　　對我來說，寫詩也是一種自我修行。從前的我遲疑過、躑躅過，現在有幸有詩分嘗，一如岩石和貝殼。我曾想像：在遠方，可聽見海角之音 ── 那可是天水相連著經聲的雪影？我也可以任由自己影子在風中追逐，讓春在枝頭，雨輕盈地沾滿我衣袖……。

　　往事是光陰的綠苔，散雲是浮世的飄蓬。在我出生的雲林縣莿桐鄉莿桐村裡，幾棟陳舊的瓦屋上，映出我過去的歲月，映出我年少的無邪……記憶中的父親，他的雙眼總是閃耀著歲月所磨出的智慧光芒。他雖因肺癆而困頓，但生活的哲學是：越是困難，越是要設法克服。對我啓迪很大。

　　記得在「高雄海專」執教時，第一次對寫作發生興味，是系聯代表要我提供航海系刊的稿件。我義不容辭，憑藉一股熱情在心頭滾流，連夜寫下「窗外依然有藍天」一文。從那時起直到往後幾年，又轉入其他學院教書，我經常配合寫些時事，來激發學生關心社會的興趣。

　　我也曾在臺灣南部的報社從事於專欄寫稿，因工作過度，緊接而來的，是身體跟著每況愈下，只好被迫提前離職，在家休養。直到接觸到文學並由臺灣『中國文藝協會』理事長綠蒂先生推薦擔任『中國文藝協會理事』及『中華

民國新詩學會理事』職務開始，我何其慶幸，因兩岸舉辦的文化藝術交流活動而結識了多位長者，他們可以輔助我進德修業，也可以給我砥礪士氣。我開始嘗試著，把文友相處的點滴、我的所見所思，都收藏在篇篇活生生的文字裏；我期望，自己的文學能直率地表達出一分純真之情，也能堅持靈魂的瑩淨而不墮落。

在我的詩友中，鍾鼎文先生一生對寫詩及成立世界詩人大會有著巨大而熱切的渴求；其作品流露出的貴族情調和神奇幻覺的特性，使我們窺見一個永遠年輕的精神。鄭愁予詩人早期作品則格調清俊如風中銀樹，逸秀如雨後彩虹；總是志趣高雅，視像美強烈。還有許多中國學者如謝冕、吳思敬、吳錦、吳開晉、薛家寶、古遠清、吳鈞、傅天虹等教授，友人書法家沈鵬先生、散文家周明、書畫家魯光等，尤以星雲大師演講時的幽默，給我啓迪甚多。

寫作開啓了我嘗試放下一切塵俗的意念，轉而追求心中的那份寧靜，期能被莊嚴所淨化。我也深悟到參佛之路，既要堅執信念，不斷探索潛修；也要有寬容的心去理解生命中的種種體驗。

「虛靈頂勁，氣沉丹田；心靜則心神安靜，疾邪自去，與道合真」，「舉動順時，容色和悅」，這些也是我初學太極拳的真髓，習拳讓我能過軀體康健，智靈清明，身心俱感精進而安適，也更能積極樂觀的面對往後的人生。

雖然現在的我，日子過得很舒適平淡，但有一股求知的動力，深化著我對文學領域的審美情緒。過去，我曾在

臺灣報社寫的評論偏重於關懷臺灣的政治、經濟及社會層面，尤其特別關注環保議題。近些年來則在海峽兩岸三地及國際報刊間寫些文藝作品及詩歌、作畫。對於文學領域的深奧，最能激起我認真學習的動機。

　　過去曾在臺灣的學院任教於「憲法」等科目及在高雄「中山大學」資訊管理系擔任專任助理研究員的我，如今轉而為文學創作後，我發現，臺灣詩歌已逐漸形成一片新繁榮，無可否認，真、善、美從來都是詩人追求藝術的最高價值。原來一首詩美，不會因歲月而改變；詩美意識是形而上的藝術直覺，而真正的詩人應是將其畢生的心血都投注在藝術開拓上的。

　　然而，詩人在創作時，又如何可能去顯示自己的靈魂呢？雖然馬總統英九先生曾在臺北的三軍俱樂部致詞會上說過：「工程可以使城市變大，但文化則使城市變偉大。」這句話，說得很有意義。就我來說，風格是一種審美心理結構的顯現；它既是詩人心靈之歌，也將記錄下自己才學的智慧。

　　我十分希望，海內外的中國人都能承繼起推展現代文學的責任，進而將文藝開拓為熱愛文學之士的生存與生活的本質。

　　一般來說，從事文藝寫作者，多信賴直覺，就是直觀與思維在瞬間的統一。尤其是詩人在構思中飽含感情的藝術世界裡，美感總是會伴隨著詩性體驗而來。當然，詩人也必須貼近自然、精微地體察自然；因為，這將促使自己

的審美體驗大大地加強，並具有更大的藝術力量。

今年，恰有兩件值得欣慰的事，一是十月下旬獲得美國『世界文化藝術學院』頒發於馬來西亞的「榮譽文學博士」學位；另一件事，是於五月四日榮獲臺灣第五十四屆「中國文藝獎章—新詩類」於臺北市，對我自是一大鼓舞。而這一切也歸功於綠蒂理事長及友人彭正雄先生、彭雅雲，及編校歐陽芬、周慧珠、黃耀寬等主編、友人在精神上的支持，而星雲大師也開啓了我創作文學之因。

說起來，改變我文學人生的起點，是在七年前第一次上佛光山參加翰林學人聯誼會。當我第一次清晨跟著誦課吃齋飯時，眼淚竟不經意地流下來……但這對我彷彿有一股甦醒的力量，催促著我，更要精進向前。

人生最重要是什麼？很多人在追尋這答案。我覺得，能選擇自己的路、無悔地走，是一種堅持，也能活得坦然。「修行」也是重要的，它可以從認識自己開始，從書寫人生到認識自己心靈深處靈魂的提昇。我冀望在未來幾年能寫出文學風格和關心民情的作品來，讓自己的生命更加圓融充實！

—— 本文刊登《臺灣時報》2013.11.24

臺灣時報　中華民國一〇二年十一月廿四日

LIN MING LI

林明理報刊評論

—〈1990-2000〉

目　　次

窗外依然有藍天
── 對「三、一九」學運的省思

政府遷臺以來，經過四十三的積極建設，大抵上，人民生活繁榮富庶，但近年來，隨著台灣居民民生思想的昂揚，民主運動的發展也逐漸呈現出更為複雜多樣的風貌。一方面我樂於見到政府在解嚴後所能容許的民主範圍內努力為人民開拓的一片民主空間。另一方面卻心有所憂。面對當今台灣經濟的逆轉，社會的不安，人心的萎靡，唯一的希望就在執政黨痛定思痛，拿出勇氣與魄力，來重整社會秩序及落實民主改革的步伐。

這次，由台北各大專院校學生帶動聯合發起「三·一九」中正紀念堂大規模的抗議行動，幾天下來，已匯成了全民參與、爭民主改革的澎湃力量，這是台灣青年學生首次針對執政黨作正面民生抗爭最激昂的一幕。

在台灣，這一代受到父母呵護成長的青年學生，已很難想像饑餓是種什麼滋味了。當我看到學生們一張張充滿義憤的臉龐，不惜以絕食、罷課等方式聲援學運，我心裏焦慮的情緒，實在是難以用語言來形容的。我深信，這層學生對執政黨的擁護義務與大聲疾呼民主改革之間的煎

熬，每個人在心靈中一定都激發過一陣衝擊。

　　對於此次挺身譴責國民大會毀憲自利行為的各界人士，尤其是這群學生的抗議行動，我認為，這是一種可貴的精神，畢竟今天在台灣能真正關心國事的知識份子實在不多。我希望他們這樣，因為身為知識份子應該出來，至少做一些有意義的工作，為國家的前途考慮考慮，但是我真想告訴他們，學生們一定要能善自珍重，這次學運應以催化執政黨向民主改革為目標，同時要能堅守學生純潔無私的動機及確認民主理念，否則，難免易受摻雜其中滋事的少數不法勢力影響，而打擊學生樹立的清純角色。

　　我們從來自執政當局及各界人士的關懷，都可以顯示對這次學生的民主抗議行動的肯定，而使得在持續一五○小時後，這個和平靜坐行動終能在平和中暫時落幕。在此，懷抱一顆摯誠的心，不禁想提出幾許深盼。

　　在海岸兩岸仍處於政治對峙的今天，執政黨現已有困難的局面中力圖重建未來、落實民主憲政的藍圖，我們除了在讚美鼓勵之餘，就是希望民主憲政可以真正從此站起，不要再遲延，不要再顧慮。政治在變，社會在變，世界也在變，譬如最近蘇聯、東歐社會主義國家已紛紛放棄共黨專政，走向民主化的演變，實在令人鼓舞。在政治趨向民主潮流的今日，我深盼台灣朝野兩黨都應同步的健全發展，相互體諒一些，愛護一些，同舟共濟，以禦當前中國軍方隔海對峙的危機，而人民對執政黨此次政治領導的胎脫換骨，也應給予支持，儘速恢復社會定安、經濟秩序。

　　誠然，任何政治的改革，都難免會碰到阻力，在過去民主改革的傷痕，雖有從反省的歷程中才得以成長。四十三年來，我們曾在這一片土地上蘊育、茁壯，歷史在前進，人民也在前進，儘管我們眼前看到的一切都還有些亂，但是俗說：「子不嫌母醜」，我但願，今後全民彼此都能加速努力的目標，讓台灣在中國歷史上締造中國人追求之民主、自由理想的實現。

　　今晨醒來，從窗外斜射進來的曙光，似乎告訴我一個訊息：寒冷就會過去，溫暖的日子終將來臨，過去我們的前途雖有風浪，未來卻一定是光明遠大的，我不覺微笑了一下，朝外挪動了步子，踏著晨曦，深深地吸了口氣，連空氣也感覺新鮮起來，突然，我眼瞳裏閃爍了興奮的光芒，原來，窗外依然有藍天！

　── 刊於前高雄市「國立高雄海專」，航海科學會印製，《航海科刊》第 19 期，頁 4-6，1990 年夏。

展望明年的經濟成長

　　展望一九九八年，對未來全球景氣悲觀已可預期。儘管亞洲金融風暴正無情的襲捲而來，我們的行政院主計處仍樂觀預估台灣明年經濟成長高達六、四六％，而中經院在「一九九八年全球經濟展望」中已立刻改口向下降至了明年經濟成長預估值，最低降至百分之五點九二。筆者以為，此二者間可能在未來都將造成與實際正確統計數字相當大的高估誤差。

　　就在政府單位最近頻頻密商，將推出一連串的因應之道與救援計畫的行動，期能使明年國內外產經界起死回生，再度帶動台灣整個經濟的蓬勃發展。

政府對企業界缺乏投資誘因

　　在這歲末時分，回顧當今台灣，政府對台灣的企業界內部缺乏具有自發性的激勵投資誘因，對外商方面又難以因應外在情勢的改變的調整功能，以及發生錯誤時的應變措施與改正力量。

　　展望一九九八年，可預期在民間投資環境不確定的疑慮及產經制度的政策搖擺不定下，可預見的是，結果經濟

成長目標下降，甚至在有損投資誘因，犧牲了經濟效率下，對台灣企業的投資打擊極大。同時在國際金融危機仍未止穩所衍生的信心危機下，無疑的也會延緩技術的進步及經濟成長目標的達成。

展望明年的經濟成長

　　筆者擬就兩方面來分析一九九八年台灣經濟成長的展望。首先，就台商轉大陸投資案而言：

　　未來兩岸間又該如何調整赴大陸投資的步伐呢？這是台商未來的難題，也是一個挑戰。就大陸的金融風暴，已有明顯升高的趨勢，這點雖然會引起台商的恐慌，但兩岸間又必須有正常的經貿往來，於是兩岸從官方到民間商人，最近都在小心翼翼地尋找一個新的互動模式，而且一點一滴的去調整雙方的生存替代關係。面對大陸金融這樣激烈的變局中，對台商的壓力日增，又人民幣未來貶值的負面效應，是否也會造成台商赴大陸投資在金融方面面臨融資條件趨緊的重大障礙？這也是最近台商企業界不得不注意的焦點，於是台商企業界正引頸企盼政府能及時給予給予協助，以免因未來景氣趨緩，亦或股市、不動產大跌，而引發一連串的金融危機。其次，是對國內企業界而言，在未來又該如何因應台灣投資環境的變化呢？

　　拜耳案使政府公信力受質疑。

　　近日，由於拜耳案；使政府公信力廣受質疑和指責，究竟經濟成長與環境保護孰先？

正在學術與民間團體與企業、政府行政單位間相互連鎖效應的迴響起來。

筆者認為，台灣近年的經濟成長，雖有助於所得之增加，但財富分配之不均，仍存在貧富差距日益擴大的問題，終無助於所得分配之均平化，環境品質及治安日趨惡化現象，這無疑是台灣一味地追求經濟成長所必須付出的代價之一。

政府某些單位華而不實的口號及承諾，與民間環保意識形態以及企業間三方面的溝通管道不良，經濟政策的模糊性等都將在未來造成台灣經濟的浩劫。在一連串的「反經濟、要環保」的聲浪中，終顧震撼了行政單位首長，而不得不改弦易轍，痛定思痛，大大加緊調整改革產經政策，如何能再度吸引外商來台重大投資及作好給台灣居民一個純潔、安全的生活空間，無疑地，這是執政黨執政以來所面臨的最大考驗。而我們也必須經過這個陣痛階段後，才表示克服了阻礙經濟成長的固有障礙，才能再度吸引外商投資及強化台灣人民對政府的信任感，也雖有如此，才能使台灣經濟成長再度起飛（take-off）。

台商得防範鄰國傾銷策略

又台幣最近持續貶值（depreciation）的壓力，從需求面而言，雖然使某些外銷市場的產業競爭力增強些，但由於國際金融危機未除，將引發全球性的產業競爭，於是財務狀況差的公司將面臨倒閉，台商也得防範鄰國利用傾銷

（dumping）把外鎖價格壓得很低，而企圖打垮台灣的相
關產業，吾等國內企業不可不慎。

　　經由以上的剖析，筆者深信，如果未來我們能經由生
產與投資，並兼顧是否能達到效率（efficiency）、公平
（eguity）、穩定（stablity）、成長（growth）與環保的要
求下，政府、企業界及百姓三方面都能理性的相互協調、
全力以赴的話，吾深信，我們一定可以共度難關，而未來
台灣才真正有「展望」！（作者林明理曾任屏東師院講師）

　　── 刊高雄市《民眾日報》，1997.12.28 財經專欄

正視亞洲金融風暴的危機

　　去年（2000 年）八月以來，東協金融風暴，震撼全球，同年十二月十六日，東協九國領袖在馬來西亞吉隆坡舉行成立卅週年的高峰大會。這次，東協與中國、日本和韓國的「九加三」擴大峰會，是東南亞有始以來最具規模的非正式高雄大會，會中首度就橫掃東協的金融風暴發表聯合聲明，呼籲美國、日本和歐洲等經濟強國，挽救東協渡過經濟危機。

金融風暴對台灣的影響

　　整個金融風暴似乎無止境般愈滾愈大，究竟，此次風暴危機對台灣的衝擊層面有多大呢？

　　記得五年前，台灣在政府積極推動南向政策。除了政府本身向東協各國提供低利貸款以外，它還鼓勵大型私營企業往東南亞「南進」投資，據保守估計，僅一九九四年，台灣對東協各國及越南的投資就增加了三點二倍。大企業如遠東紡織、宏碁電腦、台塑等都紛紛在東協國家設廠，而我政府黨營企業幾乎把菲律賓的整個蘇比克灣租了下來，作為南向政策的基地。

　　我們試就一九九〇年的美元幣值計算，泰國、馬來西

亞、南韓、印尼四國一九九六年的國內生產毛額（GDP）共有七七三一億美元，大約佔全世界生產毛額的三％。而就進口規模來看，泰、馬、韓、印四國一九九六年的進口總值共為三四五二億美元，佔全世界進口總值的六點四％。雖然以這樣的經濟實力與進口規模，但卻因此次金融風暴而引發東協貨幣的超貶現象，且必須要動用國際貨幣基金對東協進行緊急紓困，以圖遏阻該區的幣值跌勢和恢復貨幣市場的穩定。可見這次東協的金融危機，對該區明年經濟成長將有一波艱困及痛苦階段的空間。

正視亞洲金融風暴的危機

　　另就一般傳統的想法而言，一國匯率貶值對出口產業比較有利。因此，有些人的想法認為，這次東南亞國家貨幣貶值，應該對台灣出口比較有利，可是事實卻不全然如此，因為到目前為止，我們還看不到貶值的好處。如果東協該區的持續貶值危機未除，將來可能引發全球性的產業競爭，可預見的是，財務狀況差的公司就會率先倒閉，因此，匯率貶值的好處可能還沒出現，許多企業就先倒閉了。

　　在這次東亞金融危機中，幣值貶得最多的是泰國、馬來西亞、印尼和南韓四國，而台灣在面臨即將來臨的金融風暴中，究竟將會對經濟層面發生什麼樣的影響呢？

　　本人認為第一、是台商在南韓、東協諸國的購買力相對將提高；第二、是以美元為報價基礎的台灣出口競爭力降低；第三、我政府向東協國家提供的軟性貸款在短期內

多半無法回收；第四、東協各國（尤其是南韓、馬來西亞的電子產品）為了賺取外匯來償還外債，必然致力於增加出口，削價求售，從而直接在國際市場上跟台灣競爭；第五、由於東協的經濟預估在五年內難以復甦，所以所有以東南亞市場為主的投資項目將會遭遇到困難；第六、所有已投資在該區的不動產投資的當前價值都已大幅降低，致投資者財富縮水。

　　我看這次東協所遭遇的危機，可能比過去日本泡沫經濟破滅的衝擊更大些。

風暴後的省思

　　究其此次東協引發的金融危機的原因，乃根源於亞洲各國金融體系的不穩定及經濟結構問題。不過從另外的角度來看，東協各國產業崩盤所面臨的困境，也提供了台灣政府絕佳的省思契機。

　　吾建議亞洲各國政府應由經濟結構和資金流動性問題兩方面，雙管齊下，重建亞洲經濟秩序。而亞洲地區歷經此次金融風暴的教訓後，是否可以因此下定改革的決心，整頓金融體制，重建另一波亞洲四小龍的經濟奇蹟，尚令人拭目以待。

　　以長期眼光來看，未來台灣的經濟前途，必須與大陸在產經上相互協助，兩岸政府能攜手合作，輔導台灣的大型企業擴展到大陸投資設廠，否則未來十年內將無法跟西方、甚至亞洲其他國家的大企業一爭長短。

　　最後，衷心期待台灣在未來國際行銷技術及生產的提昇上，能將市場擴大行銷到東南亞，甚至其他海外市場，再度佔有關鍵性的地位，在廿一世紀，重現一個嶄新、進步的台灣。

　　── 刊高雄市《民眾日報》，1998.01.20 財經專欄

生活在臺灣的人怕什麼？

　　生活在台灣的人，仍有些人感到不安！究竟他們怕什麼？其中因素甚多，茲分述之：

一、政治方面：

　　目前，最受矚目的話題，莫過於基層選舉，隨著選舉逼近，姑且不輪實際票選如何？各黨派之間，是否能為了二千萬人的共同利益，打破黨派藩籬，來化解省籍情結，儘量避免針鋒相對的言語，攜手共同造設台灣，這才是選民未來選舉投票的取向。

　　另一個關心的政治話題，是兩岸政治關係的變化，針對大陸最近透過前美國國防部長裴利等一行，於日前來台表達大陸方面願恢復兩岸協商，並進行對話的立場，我政府也善意回應，並密切觀察中。

　　依我見，大陸在前年片面中斷海基會與海協會的協商機制，就現況而言，短期內兩岸迅速恢復協商之祥和關係，恐為不易。

　　未來兩岸關係，唯有在互信、平等的前提下，才有和平統一的契機，否則，臺灣當局安全若不保，那又如何能

對等談判呢？

二、經濟方面：

最近台灣居民最怕的事，就是金融風暴的衝擊，未來是否會造成股市、房市、產業景氣下降，物價上漲等骨牌效應，經濟情勢是否逆轉？台幣貶值也令人關心。

三、社會方面：

去年，環保事件弊端層出不窮，再加上多起重大兇殺案，在在暴露出台灣經濟發展所衍生的衝突與矛盾，在社會環境不盡完美的今天，誰又能彌補居民對社會安全不確定因素，或傷害所造成的社會損失呢？

—— 刊高雄市《台灣新聞報》，1998.01.21 輿情版

剖析京都會議
對國內產經界的衝擊

　　一九九七年十二月，一場備受矚目的京都會議，經過冗長的討論與激辯，由美、日、與歐洲聯盟等卅八個先進國家，達成「氣候變化綱要公約」的減量協議。

　　這是國際社會為了解決全球溫度效應，首次就「廢氣削減」達成具有法律約束力的重大協議。針對此項協議，台灣當局為了避免未來十年後被列入受國際嚴格規範的「附件一成員」，引發台灣空前未有環保能源危機的大浩劫時代來臨，近日行政院於本月廿三日邀集國內經濟部工業局、環保署、國科會、能委會等相關主管，由副院長劉兆玄膺重任，以跨部會作業型態，整合台灣產、經、學術等單位，積極研發環保能源有效開發方案及策施，以因應十年後產經界因環保能源危機，將面臨革命性的轉變，初步達成構想，以「發展電動機車行動計畫」等優先決策考量，該計畫如果儘快獲得配合實施，將減少未來環保能源危機，對國內機、汽車之廢氣排放量的衝擊。除就前述政府當局所採行之因應對策外，到底未來十年後（即二〇〇

八年起，即面臨強制履行實施溫室氣體排放量管制協定），台灣萬一被列入受嚴格規範的「附件一成員」名單上時，會對我國經濟發展與民眾生活將產生什麼樣巨大的衝擊呢？值得當前政府當局高度注意及深入探討。

二氧化碳是廿一世紀大浩劫

隨著各國經濟的發展，世界人口激增，人類使用能源的消耗日益增多，造成全球溫度緩緩上升，環保生態之浩劫在全球逐漸蔓延展開。過去一百多年來溫度最高的十年，都在近廿年內出現，而二氧化碳排放量日益趨增的現象，導致全球溫室效應，在世界各國也引發不少天災，地球上劇烈的天氣及生態環境變化型態也更頻繁。

過去五十年中，南極洲北部的南極半島，平均溫度上升了攝氏 2 點 5 度，不僅造成冰棚瓦解、生物消長也有明顯的變化，為此，溫室效應的影響，已引發世界各國對環保生態問題的高度重視，成為當今先進國家最關注的話題。未來如果不能研發有效解決全球氣溫上升之環保能源計畫，或尋求出新的能源替代方案的話，可以想像的是，那未來廿一世紀人類所面臨的環保生態危機，將促使全世界經濟發長同步萎縮。

剖析京都會議對台灣產經界的衝擊

「環保能源」危機對台灣經濟面衝擊

由工業局委託中華經濟研究院的一份最新研究報告指

出：台灣一旦在未來十年後被強制履行實施總廢氣排放量管制時，則國內生產毛額（GDP）將萎縮程度高達 34.41％。

再來濱南開發案號最近對外公布稱，以目前推計，可以在營運階段創造每年台幣 1219 億的 GDP，但是，未來一旦履行二氧化碳減量協定時，光是爲了減少濱南工業區所排放的二氧化碳，就得付出台幣一兆二千五百億以上的減量成本代價。

由以上數據分析，這些驚人的二氧化碳排放量，無疑的，已成爲全台灣居民未來的沈重負擔，同時，如未獲取有效解決之辦法因應，未來台灣將面臨經濟成長萎縮之悲觀已可預期。

當今因應之對策與建議

面對未來危機，台灣主要其事者與其消極的鴕鳥心態，去爭取不被列入受嚴格規範的「附件一成員」，不如積極的擬出因應策略，共商大局。本人就以下幾點建議，提供各界參考：

一、全力開發再生能源：

（一）、風力：丹麥的土地面積與台灣相當，但其風力發電卻與我核三廠相差無幾。

（二）、太陽能：太陽能是地球中最潔淨的能源，政府應引進最新科技技術合作或獎勵，並扶植廠商或學術專業研究精英研發生產高效率之太陽能板，並補助民間使用

太陽能發電；亦可仿效日本，將民間生產之電力由電力公司買回。

二、強制高耗能產業加設汽車共生機組，加速推展電動機、汽車、並鼓勵、或由政府相關單位補助人民使用。

三、有效引導企業及外商投資走向高科技、較無污染之事業發展，慢慢勸導及改善台灣高污染、低效率之產業，並加強宣傳民民儘量減少二氧化碳之排放量，多使用低污染、高效率之能源替代產品。

—— 刊高雄市《民眾日報》，1998.01.27 財經專欄

今年人民幣的走勢分析

今年人民幣的走勢分析

東亞各國揮別悲情的一九九七，金融危機在一九九八年似乎力興未艾，國際貨幣基金 IMF 在東亞投下上千億美元以上的援助方案，似乎也沒有發揮應有的功效。

亞洲金融危機，使得盯緊美元的港幣、人民幣未來陷入更大的壓力，即使被視為較強勢的星幣及新台幣也貶了近二十％，環觀亞洲鄰國，就只有人民幣因政治及特殊因素，尚在捍衛苦撐。

東亞經濟崩盤　大陸金融市場蒙上陰霾

近兩個月內，中共經濟政策的總舵手朱鎔基就三次對人民幣公開發言，堅稱人民幣絕無貶值的壓力。但就大陸官方公佈：大陸銀行去年呆帳總額已達國內生產毛額（GDP）三十％左右，許多銀行已接近或已抵達破產狀態。為避免亞洲金融風暴，波及大陸金融市場，今年元月底，中國當局施鐵腕大力整頓金融市場，除關閉三百多家信託公司之外，並要求分散各地十多家非官方性質的股票店頭

市場立即歇業。目前大陸只有上海與深圳設有經中國官方准許的證券交易市場。更糟的是，外幣黑市買賣已日益猖獗。

　　面對大陸如此脆弱的金融體制而言，人民幣未來一旦棄守重貶，會不會引發另一波金融風暴危機？此為當今備受關切的話題。

人民幣將面臨貶值壓力的挑戰

　　大陸最近為捍衛人民幣匯率，避免外匯市場美元需求過強，使人民幣產生貶值壓力，大陸部分地區的外匯主管部門，已陸續通知台、外資企業，在大陸當地出售的商品，一律以人民幣估價，不得採用美元為交易的貨幣單位，並在此同時，對黑市美元交易全面大規模掃蕩，可見中國官方對人民幣是否能捍衛得住的問題相當重視。

　　預測人民幣可能趨貶所持的理由主要有三：（一）、中國對外經貿部長吳儀於去年十二月底曾公開宣佈：大陸的出口接單已有明顯減少跡象。今年元月廿八日，據「新華社」報導，大陸去年出口日本總量卻從五年來平均增幅百分之三十多，降為僅上升百分之一點二，顯見中國大陸在這波金融風暴中仍受到波及，大陸產品在亞洲市場上競爭力已遭到排擠，因而造成對外出口的不利環境。（二）、外商直接投資的協議金額大幅減少。據今年〈1998 年〉元月中旬，中國外經貿部公佈的消息指稱，去年中國大陸的外資投入下降了三分之一，其中台資部份更下降了五成。

尤其是向以吸引台資爲最重要工作的福建省下降幅度更達
百分之七十。這個鐵一般的數字，明顯表示外商投資大陸
的態度將因金融風暴等因素而趨消極。（三）、預期人民
幣趨貶心理作祟。這點很可能是未來一年促使人民幣走貶
的最主要因素。因爲，如果大家都認爲人民幣應貶，而搶
購、囤積外匯、導致黑市交易猖獗，外匯供需失衡，則人
民幣即難免不趨於貶值。

　　在這個時點上，中國當局主觀上不想貶，客觀上又需
要貶值的矛盾與壓力下，未來一年，人民幣趨貶的可能性
不小。

人民幣貶值對台商的影響及因應之道

　　未來，一旦人民幣貶值效應開展，對台商之衝擊，可
從下列四方面來觀察：（一）、基本上投資形式，即原、
材料自國外採購、製成品全數出口的廠商，受到的衝擊較
小。（二）、自國內採購原料，加工後從事內銷的廠商，
最爲不利。（三）、中國匯價貶值最大的負面效應，就是
造成通貨膨脹，或金融動盪，台商自大陸金融機構取得周
轉資金更加困難。（四）、對許多急需資金的中小型企業
而言，在匯率風險的承受能力則較差。

　　台商爲了避免匯兌損失，爲今之計，最有效避免匯兌
損失方式，則是購買遠期外匯。即在買賣契約成立時（或
數日內），約定於將來一定的日期，以一定的匯率進行的
外匯交易。這種「契約」稱爲外匯期貨預約（Forward

Exchange Contract）。被作爲契約標的之外匯稱爲外匯期貨（Forward Exchange）.

　　總而言之，大陸人民幣未來萬一棄守貶值，港幣現有聯匯制度將被迫變更，屆時對港人信心會有嚴重衝擊，亞洲貨幣也可能進入另一波的競貶格局，新台幣年後，依本人估計，升貶幅度都將擴大波動。一九九八年，果真如悲觀論者所言，大陸一旦出現人民幣超貶危機，最後誓必波及到國際金融。而以美國 GDP 佔全球二十五％的重要地位來看，如果連美國景氣都疲軟，未來一年，將是國際景氣邁向衰退的轉折點。

　　── 刊高雄市《民眾日報》，1998.02.04 財經專欄

為何中國當局最忌憚「台獨」？

　　針對近日行政院蕭萬長院長出訪印尼，劉兆玄副院長想出席第二屆「亞太經合科技交流會」二事，不料卻引發中國強烈的抨擊及杯葛，此舉令台灣政要，立場十分尷尬，更令台灣居民對中國當局的霸氣，產生憎厭與不解！為什麼中國對台外交「封殺」政策會如此頑固、僵化呢？

　　依我之見，其動機有二，一方面是對台實施喊話恫嚇，其主要目標，都針對台灣的「台獨」，企圖警示台灣當局不要心存搞「一中一台」、或到處對外宣稱台灣為「主權獨立國家」的幻想，並堅持「台灣」是中國領土的一部分，且必須承認只有「一個中國」的政策。另一方面，則頗有測試台灣外交實力發展空間的意味。

　　對於海協會一口回絕「辜汪會談」的冷漠行徑，與上週裴利一行人來台表達大陸當局願恢復兩岸協商之笑臉立場、簡直背道而馳！令人深深感受到中國當局「笑裡藏刀」的一面。

　　由於各種歷史因素的匯合，中國終於凝聚成一個多民族的統一國家。為此，對北京來說，面對台灣政要頻頻出訪的舉動，企圖突破中國長期封鎖的外交政策，中國當局

如不採取最堅決的手段去打壓的話，就可能引發中國內部國家主權分裂與解體的示範危機，北京除了使用武力恫嚇外，別無其他選擇。

大家都還記得，一九九五年六月，李總統登輝先生以元首的姿態出訪美國並發表講演，此驚人之舉，最後引發台海飛彈危機，當時台海風雲險惡，造成台灣居民惶恐難安的後遺症，致兩岸關係乍暖還寒，雙方利間又回復到孤立的敵對狀態。

兩岸的政治交鋒，存在太多複雜變數，而台灣政府外交活動上，又常飽受中國當局方面的阻撓，這部份無疑是影響兩岸關係未來發展的重要因素之一。

未來，中國當局如欲讓台灣企業安心前往大陸投資建設的話，就應務實面對兩岸政體分治的現實，加強與台灣溝通協商，給台灣當局一個生存發展的空間，惟有這樣的發展，兩岸協商才能出現一曙契機！

—— 刊高雄市《民眾日報》，1998.02.　輿情版

愛情如臨生命深淵
─ 神將考驗正人君子

　　愛情的最高境界究竟是什麼？我由衷以為，該是在苦難中千錘百鍊地提煉出來的一份忠貞、誠信、體諒的愛吧！

　　一個備受矚目的公眾人物，其實感情生活與凡人無異，一旦沉溺於一時幸福顛峰，或涉及感情風暴，從幸福轉為不幸而翻落苦難深淵，結果只需一瞬之間。對於形象被毀的公眾人物，輕者影響職務，重者，無異也毀滅了他的前途。除了傷透了家人的心，最後恐淪為街頭巷尾的笑柄，不可不慎！

　　面對變質的愛情，唯有不再有任何渴求、希冀，進而理解到真正捨棄，才能再重生。也唯有提出勇氣，面對事實，才懂得活得尊嚴是多麼的重要。如能經常想到人世間還有比自己更不幸的人，也就會更珍惜自己生命的恩賜，而不再怨天尤人。

　　一旦跳過那首閾限，就會有一種很自由的心情，會嚐到一份深刻解脫，則一切身心的苦痛終將過去，才能幡然

了悟生命的本質，再度出發，以真誠擁抱人生。

　　最後，在情人節前夕，期天下有情人"自愛"，才能有美滿的未來！

　　—— 刊高雄市《民眾日報》，1998.02.　輿情版

台灣經濟成長之變數
─ 及央行改革之道

目前，大陸銀行正面臨鉅額不良債權的威脅以及捍衛人民幣的雙重壓力。反觀台灣，是否就能以此來炫耀台灣經濟的景氣已可望祛除陰霾？

影響台灣經濟成長之變數

在東亞詭譎多變的政局，台灣總算躲過了一九九七年金融風暴的恐懼，為了避免未來重蹈東亞金融危機的覆轍，台灣必須要認真思考不重蹈覆轍之對策。

影響一國經濟成長的因素很多，包括政治、經濟、社會、歷史、文化等多重層面，在此祇能挑選三個比較有影響者說明之。這三個變數包括：

（一）亞洲金融風暴陰霾未除：

亞洲各國承受這一波金融風暴後，國力已較從前衰退，未來一年，外商對中國大陸的投資將會由狂熱歸於平淡。根據華碩計量經濟預測協會（WEFA）最近提出的估算指出：亞洲高經濟成長率已過去。可見金融風暴影響深

遠。就台灣情況而言，全球貿易在亞洲各國國內市場需求萎縮的情況下，今年的經濟成長將趨緩，加以中國大陸的經濟整體表現將不如去年，這對於以出口貿易為導向的台灣將有不利的影響，因此，政府當局目前仍不宜過度樂觀。

（二）人民幣貶值壓力日增：

整個亞洲金融風暴，最重要的變化，就是中國大陸人民幣貶值與日俱增的影響力。其次，大陸金融窘境要在短期內扭轉改革實非易事。據大陸二月份「開放」月刊發表的一篇文章指出，中國大陸銀行總資本只有三千一百七十億人民幣，但呆帳及壞帳卻高達一兆，相當於資本的三倍。因此國際金融認為，技術上大陸所有銀行都已瀕臨破產邊緣。

台灣經濟成長之變數 — 及央行改革之道

未來一年中國當局若是採取貶值，亞洲經濟最後的防線形同崩垮，除了危及大陸國內物價穩定，如果幣值不穩，大部份大陸銀行將面臨倒閉命運。台商亦由於這些疑慮，在未來如何拓展大陸內銷市場，以避開投資風險或先暫時觀望，都應審慎規劃。

（三）台幣貶值效應潛在浮現：

最近新台幣貶值效應已逐漸反映在台灣的物價上，根據行政院主計處公佈今年元月份物價情況，躉售物價

（Wholesale Price）上漲七‧五九％，創下八十四年九月以來的最大漲幅，究其因主要是新台幣對美元貶值，使進、出品產品價格雙雙上揚所致，此亦顯示台幣貶值因素才使進出口物價揚升。

今年春節後迄今，台灣的銀行間已興起一波調高利率行動，調幅介於零點五至一點二個百分點，儘管央行官員一再重申未來利率仍維持寬緊適中的貨幣政策（montaeypolicy），但這並非意味台灣沒有潛在的物價膨脹（inflation）壓力，筆者以為，未來央行仍然可能面臨不得不調高利率的壓力。

於今台灣，亞洲金融風暴造成央行的憂慮，不外是東亞國家泡沫經濟的爆發，貨幣貶值崩潰、鄰國銀行呆帳的發生、金融機構的破產危機、失業問題、景氣減緩、印尼政局不穩定等共通點上。再者，台幣貶值問題如被忽視的話，也將是阻礙日後政府推動金融政策改革的絆腳石。以上這些不利的疑慮正持續在台灣擴散。未來，央行又該如何整頓金融體制的改革呢？筆者以為：

（一）今年央行的首要工作，必須調度控制貨幣政策，以維持物價穩定為優先。基本上台灣境內通貨膨脹所引發的物價上揚的壓力尚不至於太嚴重，反而是今年將面臨經濟成長減緩問題才是較值得關注的。

（二）央行須加強利率與匯率措施之應變能力，以規避企業及一般貸款戶之風險損失。而今年銀行對企業的放款利率，可能因物價上升的預期及亞洲金融風暴等不確定

因素而可能走高。

（三）央行應加緊制定及修正金融管理、監控條例，使銀行管理制度化。

（四）金融市場機能要有效運作，除加強外匯操作及從業人員的管理與設備外，尚須有健全的金融法規配合。

（五）加強企業和商業銀行借貸的資格審查，及金融機構內控制度的建立，積極整頓金融體制，以避免呆帳風險之損失。

總之，就央行今年的金融改革行動，未來是否能迅速有效的進行？以及中共是否能繼續捍守人民幣，尚有待當前東亞金融風暴動盪的塵埃落地。且讓我們拭目以待，在政府與人民一致的努力與改善之下，期能再次締造出經濟成長的奇蹟！

── 刊高雄市《民眾日報》，1998.02.15 財經專欄

蒼白的生命　絞碎天下父母心
── 對台中師院女生墜樓自殺的省思

　　花樣的年華，原本該擁有一顆青春飛揚的心，無奈的是，楊同學卻因社團活動表現欠佳，加上本身自我苛求過高，遂而一時想不開，竟選擇走上墜樓自殺這條不歸路，留下傷心欲絕的雙親，實令人十分愕惜、痛心。

　　小時候，為人父母的總是把自己的兒女像幼苗一樣，加以呵護、疼愛，辛辛苦苦，一天又一天，終於盼到幼苗長大了，還沒來得及看到開花結果，就讓他們以這種不成熟的姿態步出家庭。但這群沒有經歷過重大苦痛的孩子，是否真的能勇敢地迎接生命中的挑戰呢？事實上，絕大部份初入校門的大學生，對於社會的悲劇並不十分了解，一旦遇到生活中的阻礙，或陷入痛苦的困境，常見的是，輕者出現自唉自嘆，以淚洗面，嚴重者自暴自棄，有的遂而萌生自傷傷人的意念，實在太令家人煩惱。

　　其實，人生有很長的路要走，求學只不過是其中一小段歷程，真正的人生過程，只是在求做人做事而已。大學生活也許沒有想像中那般的浪漫、順適，總會遇到生活中阻礙拙折的時候吧！這時，奉勸各位，不要太傷心，勇敢

地擦乾淚水，要知道，如果只一味地埋怨，妄自菲薄，最後一定被自己打敗了。換個角度想想，也許上天給我們每個人生命中的歷練，就是希望我們能拿出自己的勇疑來超越它，重新思考生命的價值，唯有穿透一次次痛苦的歷練，就會不斷地學習到充實見識和膽量，總有一天，終會發現，擁有充實的生命，是一件令人喜悅的事件啊！

　　國內大學生往往因太年輕，人生經驗較缺乏，有時也會因過度注重課業，或自我期許太高，壓力太大，反而忽視了真正需要充實的內在。其實一切的知識、能力、精力，都是有限的，所以才督使我們不斷努力、前進，但是想要拋棄個人利害得失的意念，並不是一件容易的事，現實生活中的確有各種煩惱與不安，令人愁眉不展，但是，難道就因如此就向現實生活低頭嗎？人生在世，唯短短數十載，大學生一定要重視自我，自愛才受人愛戴。

　　對於某些缺乏自覺自救的人，有時好友的一句噓寒問暖，就能溫暖人心，加深友情。另外，在傷心者面前切忌說出傷了對方自尊心的話，也許等雨過天青，孩子們終於在逆境中學會獨立長大、茁莊了。父母總是期望每個子女，都能健康、快樂地長大，其實，天下父母心都是一樣的。

—— 刊高雄市《民眾日報》，1998.04.27 輿情版

讓司法公義回歸監察院審判
── 「對連、伍風波案」的省思

　　堪稱我政壇上最具爆發性變革的「連、伍涉嫌金錢借貸案」，又再度成為朝野抨擊調侃的話題。吾深信，此案已使副總統的形象陷於在社會中與人民疏離，在黨政中恐怕難以繼續得到政府中央支持的自相矛盾中，未來，如果這個矛盾的擴大，終將由量變到質變，而轉化為彈劾副總統的角力鬥爭，屆時，將成為副總統連戰入閣以來，所面臨元首操守備受爭議的重大危機。

台灣司法公義將面臨重大考驗

　　此項危機之產生可由兩件事實來印證：其一，連夫人確實匯出三千六百二十八萬元到伍澤元胞弟伍錦然帳戶；其二，據高院查閱，在扣案的伍錦然帳戶明細表中有一註記，載明連方瑀匯款給伍錦然記錄。針對此，連戰本人已於認錯，坦然宣稱，該筆款項是借給伍澤元的競選費用。然而基於連戰的片面說詞，並未普遍獲取民進黨的信任與苟同，遂而全力要求監察院並指名監察委員展開徹底偵查。

　　迄今案情的確有極難突破與捉摸之處，究竟此筆經費

是借款還是跟外界傳聞，與伍澤元工程共同舞弊分攤到的佣金有關連？我想，在事實真相未白之前，目前媒體或任何過於快速的推測或論斷，皆為有失公允或恐有不當之嫌。預料幾週之內，民進黨憤怒的訴求聲將會喧囂塵上，或許，將會有重大案情變化發生，但是，無論案情如何演變，百姓對政府某些領導官員政治道德與操守形象已大打折扣，無形中對未來選舉又投下不信任的一票。不過，此案的發展，也正好可以考驗台灣司法制度，是否還有正義存在？

我們需要什麼樣的廉能人物？

　　本人以為，所謂司法意義是國家整肅行政犯罪的力量之一，監察委員所扮演職司的角色，更是對內從事偵查活動，協助進行肅清不法勾當的要角。以台灣現況而言，唯有維持司法獨立，才是邁向未來公理和平新秩序捷徑的第一步。於今，為了避免司法獨立界限模糊，影響未來司法審判品質，眾所寄望的監察院成為偵辦此案的最高執行機關，大家均期待監察委員小組，能在未來查個水落石出，再度獲得民眾「絕對的尊敬和信任」，重新維護台灣司法的尊嚴。

　　然而，針對民進黨國大湯火聖最近頗為排斥監委林孟貴登記自動調查該案之事件，筆者深信，以她過去在監院調查案件經常扮演著先鋒的衝勁，我們不能刻意削弱她的堅持，畢竟林監委在過去十八年內，儘管在政治、經濟和

社會層面上，經歷了無數的變遷，唯一不變的是，她會按公義判斷及不讓眉的獨樹風格。我以為，由她扮演協助此案偵查之適切角色，深信他山之石，應可攻錯。唯偵辦過程，總需要有足夠的空間及權力，充分授與去施展，因此，當前監委小組身負重荷的情形，已面臨嚴竣的挑戰，但這也是監察委員責無旁貸的職務。

　　如果依民進黨某立委建議，另設置「獨立調查官」，徹底調查這筆經費到底是借款還是佣金？筆者以為，未來恐會折損司法的尊嚴，以及國內監委超出政治之外的公信力。因而，有此特殊的政治考量下，的確很不容易在合理的政治軌道上，凝聚朝野共同的政治力量。總之，吾仍寄予高度的信心與期待，在監委小組調查中，能把這個案件查個水落石出，還給事實一個清白。

　　　　── 刊高雄市《民眾日報》，1998.05.02 民眾論壇版

別讓孩子成為父母胸口的痛

　　日前屏東兩名國小資優女童，因深感壓力過大，遂借機毅然負笈台北，急壞了全校師長及父母，雖然在二天後，經由多方協助下化險為夷，得已返家骨肉團聚，但歷經此事，已廣泛引起社會一大震驚。究竟，為人父母的，能真正瞭解自己孩子心靈的世界有多少？

　　其實，孩子生活中的點滴，時時刻刻都緊扣著父母心靈的深處，所謂病在兒身，苦在娘心，這就是慈母心。然而孩子的成長，是一個艱澀的歷程。有些孩子在小小的年紀，便體會出煩惱是什麼滋味，精神上開始面臨承受著各界給予沈重得多的壓力。越是表面上心高氣傲的小孩，其實內心世界是相當孤寂、脆弱的，如何從旁協助，使其早日從封閉中脫困出來，我想：現在該是每個父母及師長，應懷抱著一分深重的責任感的時候了。

　　不過，這次事件也給了我們一個啟示，父母每天在忙碌之餘，最好能抽空與孩子們分享事物、聆聽孩子的喜怒哀樂。其實學會與孩子雙向溝通，是生活中最重要的一件事，只要設身處地往孩子的一件事，只要設身處地往孩子的立場一站，便能很快地尋到問題的根本，再想辦法共同

解決。總之，要孩子好，在日常生活中，請多多讚美鼓勵、少責備。因為，孩子純真喜悅的臉龐，就是世上最美的一幅畫。

── 刊高雄市《民眾日報》，1998.05.08 民眾論壇版

學會與孩子雙向心靈溝通

　　孩子們的成長　其實是一個艱澀的歷程　需要成人時時給予精神食糧

　　最近從小學資優孩童因課業壓力過大，遂而演出有驚無險的蹺家行為，到大學生甚或副教授因過於迷信魔道邪說而遭心力交瘁事件，已廣泛引起社會一大震驚。畢竟，他們原都是聰明純潔的學生，只是心靈的壓力、或是空虛，常不為外人所理解。

　　其實，孩子們的成長，是一個艱澀的歷程。大人們除了供應物質上所需的一切，也必須時時給予孩子精神上的食糧。國內許多資優學生，處於當今功利充斥的環境下，也正因為他們單純、很少面臨挫折的磨練，以致行為出現偏差後，往往無法承受外界給予沉重得多的壓力及打擊，於今，我們該如何啟發他們勇於突破，從錯誤中學習到體恤與理性的觀念，事實上比課業上之研究，更為重要。萬一孩子心靈受傷了，又該如何協助他們縮短傷痛或重建完整人格之間的差距？

　　我想：為人父母的，都該學會聆聽孩子心靈的聲音，多關注孩子生活為中的喜怒哀樂。總是要陪著孩子把艱困

一一度過，等孩子勇敢地克服心理障礙，調理出一個健全的體魄後，或許這番歷練，將會在孩子的心中埋下日後茁壯發芽的種子。我常自我惕勵，人不要怕跌倒，最後跌倒後站不起來。在漫長人生中，縱使再無助，絕不輕言放棄自己，為了自己不辜負愛我的人的期望，孩子們一定要學會遠離邪惡與錯誤，而父母的關懷就成了驅策孩子不斷向前奮發的動力。總之，要孩子好，請先學會與孩子心靈溝通吧！

　　　　　　　　　　── 刊臺灣《自立早報》，1998.05.12

凝聚朝野共識　邁向民主制度

　　基於中央研究院院長李遠哲近日公開強調：「人民要有足夠的民主素養，才懂得如何去凝聚共識，這樣國家才有希望」一詞，吾人在此給予高度的肯定與喝采。

　　當今台灣民主政治發展上，的確存在太多的政治裂痕，朝野間的批鬥、內鬨，已對整體社會的本身構成相當的傷害，因此，未來朝野間之衝突該如何取得協調？國人又該如何才能具備足夠的主民素養？這些都值得努力思量。

　　理論上，政黨相互的競爭與包容度，會帶來民主制度本身的變遷，也可能會影響一國之內發展的文化，甚或人格。筆者以為，一個民主制度的政府必備的條件，應包括：（一）容許政黨或民間企業的自由競爭，但不會傷害到社群本身的利益；（二）人民有言論或信仰的自由，但必須對個人有正面的價值及尊重；（三）落實司法正義與維護社會秩序，使成為社群所要求的現象；（四）政治與經濟儘量維持相當和諧與穩定；（五）環保是國家整體目標的重要考量；（六）重視精神生活的提昇及落實社會福利政策。

　　總之，朝野間近日正逢艱困的時刻，國民黨如何不避責任，勇於面臨挑戰，此項艱鉅的任務，目前正落在監察小組、法務部、檢調單位的肩頭上。雖然朝野間的信賴關係已遭嚴重破壞，但為儘快恢復民主秩序，唯端賴法制強力的執行，現在既已踏出了政治革新的步伐，將來朝野間更應在民主素養方面，凝聚共識，一切以創造國家福祉，人民利益為重，也唯有這樣的發展，台灣的未來才有希望。

　　── 刊高雄市《民眾日報》，1998.05.13

高耗能源產業時代應該終結

臺灣產業政策宜適時調整

高耗能源產業時代應該終結

　　爲因應「全球氣候變化公約」要求，一場備受矚目的「全國能源會議」，即將在一九九八年五月下旬召開，屆時會中將討論我國產業政策的調整，以及濱南開發案、東帝士七輕等高耗能相關產業的去留議題。

　　筆者以爲，今日台灣，許多人已深切感受到空氣污染的可怕，台灣的環保問題，已成爲今年一個相當重要的社會問題，政府實應採取強烈的管制行動，俾扼止日益惡化的空氣品質。因爲，如果繼續保護高耗能產業，耗用自然資源，讓臺灣能源密集工業（如石化、鋼鐵、水泥、造紙等）繼續使用媒炭發電的燃料模式，誓必會走上未來十年後國際環保公約所規範的重客罰款之路。爲此，爲了鼓勵業者多使用液化天然氣的能源替代,經建會也提出開徵「碳稅」等稅費制度與獎勵措施，以期未來能仰制污染行爲的繼續發生。雖然該提案一旦實施後，不可避免的是，將會衝擊到臺灣一些民營發電廠的燃媒的燃料模式，而影響其

營運，然而要產業技術升級，原來就得歷經一段調整轉型的陣痛時期。作為一個能源政策制定者，應時時考量二氧化碳污染，對整體社會所造成的社會成本，以免錯估了能源政策的實際效果。

　　── 刊高雄市《高雄新聞報》，1998.05.14 輿情廣場版

心靈的食糧是紓解壓力的良方

　　每年一到了考季，孩子們就得面臨一道抉擇的人生關卡，心中為著考不考得中而開始慌了，有些小孩因不堪精神上壓力的折磨而放棄生存的念頭，乃至蓄意逃避問題離家出走。其實歸究起來，無非是對自己缺乏信心及壓力過大所使然。

　　為人父母的，總是要等到孩子失去了才知珍惜，才開始體會，到底要給孩子什麼樣的愛才對？如果，孩子把生命當作漠視，甚至連命都不想挽回，到最後，父母所期待的，又能剩下什麼？

　　其實，聯考並非人生唯一的選擇，讀書無非是想從書中學習到事物與經驗，求得做人做事的道理而已。對於某些本身不適合應付聯考的小孩，也不要隨便就否定他們的價值，有時多給他們一分疼惜、鼓勵，就會讓一個原本並不起眼的小孩，頓時覺得受到了尊重，有了這分心靈的食糧，孩子便能愈知尊重自己的生命，從而發揮自我的潛力，只要是全力以赴，人的潛力才能愈用愈出。甚多的壓力，反而讓孩子讀起書來容易緊張，不管這些壓力是藉什麼樣不同的形式在考驗著小孩，只要小孩一遇壓力，就不會覺

得快樂，身體就會感到痛苦不適。當然，能通過聯考被錄取確實不容易，大多數的孩子都會鼓起勇氣決定接受聯考的挑戰，等到克服難關時，自信便油然而生。不過，就算聯考失敗了，也必須靜下來自己想想才行，永遠要給自己再一次的機會，千萬不要讓自己生活充滿了悲傷的情緒，而迷失了自我。

　　為了要紓解聯考的壓力，除了學會與孩子心靈溝通外，在日常生活中，也要教育孩子們遇到問題，定要設法解決而不逃避。人要生存下去，就必須禁得起各種的挫折及考驗，孩子需要的不只是勇氣的培養，還有自信的磨練，最重要的是，如何才能使他們豁達開朗笑得出來。總之，要生活得有意義，珍惜自己生命就是第一步了，剩下的，就得端看個人的理性與智慧了。

　　　　　　　　── 刊臺灣《自立早報》，1998.05.20

尋回典寶溪生命力

加強取締工廠廢水

尋回典寶溪生命力

　　報載，高雄縣典寶溪出海口，遭受工廠廢水、重金屬長期污染，情況極嚴重！另外，在其支流，還發現有不明暗管偷偷排放工廠廢水，這些廢水因含有毒物質，大多排到典寶溪出海，或滲入地下水，造成溪物中的魚類等生物嚴重死亡，有關污染善後責任，應該如何起訴或取締處分？是亟待環保署建立一套嚴格的規範，並強力執行。

　　台灣的溪水，原是清澈的面貌，然而，現在，大部分的溪水，在飽受工業廢水或垃圾等污染後，溪水竟然變成黑濁，甚或枯竭。

　　如果相關單位不立即採取有效措施，來阻止工業有毒廢水的排放量，必然不利於未來溪水資源之永續發展與利用，更嚴重地影響到人體的健康，因此，吾人呼籲政府應積極加強取締工業廢水污染事件，儘快處理整治，避免污染一再發生，重新尋回典寶溪的生命力！

　　── 刊高雄市《台灣新聞報》，1998.05.22 輿情廣場版

印尼暴動對我「南向政策」的經驗啓示

　　目前印尼正處在風雨飄搖的空前危機，爲了避免台商投資權益受損，政府已出面呼籲台商暫停對印尼投資計畫，而面對東亞國家投資環境已大不如昔，今後到底「南向政策」是否繼續執行？又什麼時候才是台南前往投資的適當時機？實爲當前重要的議題。

南向政策的「榮與枯」階段

　　台灣自一九八六年以來，境內許多勞力密集工業、污染性工業因面臨經濟發展上的瓶頸，皆淪爲夕陽工業，而被迫外移。一九九九三年十一月，由經濟部首先表明政府對東南亞區域進行重點投資，並且積極鼓勵台商南向投資，策略性地分散台灣對大陸市場的過度依賴。當時，南向政策的主要目的，在於拓展台灣與東南亞各國之各項合作關係，一度政府也極希望南向政策，將配合我國對外投資、產業國際分工，期台灣能成爲亞太營運中心；且長期以來，台灣與日本有嚴重的貿易逆差問題，加上與中國大陸又有安全上的顧慮，在當時情勢下，南向發展似乎是一較佳的選擇。

　　於是，台灣對東南亞之海外投資額，在一九九○～一九九一年間，可說是達到最高峰，但由於台灣與印尼無正式外交關係，因此雙方之間的經貿諮商，一直缺乏直接的接觸管道，在投資方面，也凸顯缺乏投資安全保障的問題。到了一九九○年十二月，我政府正式與印尼簽訂投資保障協定後，正是台商在印尼投資最盛的階段。依據印尼投資協調委員會統計，在一九八六至一九九三年間，台灣在印尼之投資額是四○、三億美元。而自一九九二年至九九三年止，臺灣在印尼投資案，要居印尼外人投資第三位，僅次於日本與香港，其中我國在印尼投資主要行業爲紙漿、造紙、紡織、農業種植、金屬製品及基本金屬等。再根據台灣當局貿易統計：於一九九七年，台灣和東南亞貿易總額爲二百七十二億餘美元，約爲一九八七年之五倍，更顯示出四年前南向政策實施期間，台灣與東南亞國家之投資貿易關係，的確大幅成長。

　　然而好景不常，去年東亞金融風暴襲捲而來，印尼也隨即面臨重大政治危機當頭。此時，根據歐洲最大信用評等機構 IBCA 最近指出：印尼銀行已經接近全面崩潰的邊緣，在未來幾個月裡，呆帳比例可望攀升到五○％的超高水準，這項報告資料，無疑地又使印尼經濟雪上加霜。儘管本月初，印尼政府已同意接受 IMF（國際貨幣基金）所提供三百多億美元的分期貸款，來重建面臨破產的金融體制，然而爲時已晚矣！如今，印尼盾的狂跌、民生困苦、暴動四起，印尼國民對蘇哈托領導已完全喪失信心，未來

一場內戰恐將難免。同樣地，印尼這次政經危機，也連帶波及了在印尼投資的台商，多年來的辛苦經營，不但面臨資產嚴重縮水，投資熱潮大衰退，就連生命財物也處於朝不保夕的危機。依據台灣經濟部投審會公布：今年一到三月，我對外投資統計，我對越南、菲律賓、印尼等地投資，大幅減少八成，今年第一季投資金額，僅有一千一百五十萬美元，如今，又驚傳印尼大暴動，雅加達當地台商及華僑危在旦夕。因此，如何透過政府之從旁協助，或民間、航運等單位就近保障其生命及財產之安全，實為當務之急。

記取教訓，凝聚政治民主及社會安定的共識

　　鑑於印尼當局之慘痛悲劇，筆者以為：

　　（一）、政府宜儘快對東南亞區域加強研究，建立商情資訊網，提供台商海外之投資資訊，並建立與當地華僑或政治階層之人際關係網絡。

　　（二）、今後台商對外投資，如何作好規劃，審慎經營及應變能力之加強，亦是海外投資者必須注意的首要條件。

　　（三）、加強整頓台灣金融體系，規劃良好的投資環境，以期達成政治自由及社會安定的目標實現。

　　　── 刊高雄市《民眾日報》，1998.05.2 財經專欄

以心靈改革邁越功利社會

在道德危機的今日社會裡，人心極為複雜，許多人內心為私慾與邪念所蒙蔽，無法掙脫虛假的枷鎖，社會也因而動盪不安。近年來，這社會發生過多少不幸的災難，都是由那些心靈殘缺的人造成的。於是，人際間關係越來越不易溝通，以致逐漸形式一個冷漠而現實的社會。

在功利社會的心理投影下，人開始變得不自愛了，文化教養素質也驚人的低落。甚於此，李總統一再強調的「心靈改革運動」，不應只是一個動人的口號，而是值得所有關心台灣的社會群體都應該深思的問題和努力的方向。

吾人以為，欲以德養氣必先端正自己心靈，首先，要從家庭與學校方面著手：要教育下一代，讓他們多關懷、接觸大自然。因為從大自然中可了解到尊重生命的意識比書本還要多，不讓孩子變成只會考試的機器人，等到孩子們學會出自內心真誠的關懷社會與微笑地和人溝通，自然就會看重自己，關心別人，則所釀造出來的和善之心，必然使社會上安下睦，轉危為安。其次，要從淨化色情網路、媒體或不良書籍之污染面做起：當今社會色情、暴力氾濫的情況相當嚴重，各種價值的混亂和理念的變質是這一代

年輕人的迷惘及困境，有些人因尋不到發洩長期壓抑的不滿和不平，以致沉溺於色情或賭博等不良娛樂的深淵，精神上經常承受空前的貧乏和窘迫而做出許多失去理性的不智行為。因此，為了讓這個社會更美好，就必須要淨化社會，讓心靈豐富起來。一旦學會昇華個人的情感，理性便油然而生。心地光明磊落，性情自然寬和，每個人多一分慈悲之心，就會讓我們的心靈開朗活潑，勇敢地邁向人生的歷程！

── 刊臺灣《自立早報》，1998.05.24

以沉痛的心看
捍衛客家族群文化的先驅者

　　一個良心的呼喚聽起來可能嘹亮動人，可是，如果是一群分散在南台灣的客家族群，為全力護衛客家文化最後一個香格里拉美濃，而不惜一切，再度團結起來，發出誓死抗議行動，那發自心靈的吶喊，聽起來就顯得無盡地沈痛、悲傷。

　　六年前，美濃水庫案因反對聲浪及評估後遭擱置迄今，政府為整體環境及經濟利益之考量下，又蓄意再度翻案，期在一年之內興建美濃水庫，但這樣重大的計畫，政府的作法中，卻忽略了美濃鄉親及族群真正的感受，使得一波波的抗議之聲越演越烈。「六堆反水庫義勇軍」的結合，使得高屏地區客家族群蓄積已久的壓抑沛然釋出，而不得不循法外自力救濟的方式，以期待喚起政府官員重新重視客家族群的生存權益。於今，政府對興建美濃水庫，到底須付出的社會成本是否值得？實需進一步深思。

「六堆義勇軍」訴求的啓示

　　從此次大規模的自力救濟的行動看來，其訴求層次已明顯昇高，這次美濃鄉親所動員力量之龐大也遠超過以往，已蔚爲聲勢最高浩大的一股主流。這一主流，在今日社會中亦引起相當大的回應，從訴求聲浪中可以告訴我們兩大事實：（一）、環保評估單位作業上的確有明顯的缺失，尚不能稱爲完備，也因此，最近台灣法外自力救濟之事件才不斷產生。就以美濃水庫案而言，環境評估報告及政府官員過早宣布一年內動工之政策，實不能反映美濃居民的實際需求。（二）、在水庫興建的安全疑慮未除之下，又傳執政黨擬採用以客制客的策略，準備動用預備金，來攏絡部分美濃人的心以達成共識，此舉已令美濃客家族群的尊嚴，遭逢重大之反感與恐懼。「六堆義勇軍」的再度成立，無疑悲情地對外宣示，「凡傷害美濃鄉親，即等於傷害六堆客家族群。」

抗爭之途多崎嶇，美濃族群宜善自珍重

　　就一般來說，他們這次的結合訴求行動，是相當理性、平和的，至少截至目前爲止，他們並未使用暴力抗爭的手段來達到訴求的目的，也正因爲他們並未具有暴力的革命色彩，這次訴求行動才能得到多數人的注目及同情。同時，也由於他們的堅持，使得美濃水庫興建計畫必須更周延的考慮當地環境的衝擊，從這些方面來看，「六堆義勇軍」

的努力是有代價的。他們激發了南台灣客家人的環境意識，透過鼓吹的行動，實際參與的效果因而得以發揮，使得政府不得不重新審慎評估。

在此，我們所能期望的，是至少環保署及政府官員在落實執行的作法前，要考慮符合美濃人的環保及實質需求，且應多次進行訪問調查，以了解民意，則有利於往後決策中的公眾參與及宣傳與溝通。另外，政府若能適當地規劃好自然資源的使用及生態保育的工作，並配合現代科技及管理方法的輔助，一方面提升企業及市民對水資源的認知，一方面透過全民環保意識的參與，來督促政府積極整治高屏溪，方為高層地區水的問題的根本解決之道。

總之，決策者應體察美濃族群抗爭的事實，期在未來在處理問題的作法上作最適當的選擇，以避免誤導對水資源的偏誤錯置，威脅到美濃人的生存空間，因而對整體環境利益產生負面的效果。

── 刊高雄市《民眾日報》，1998.05.27 學者專欄

對央行關閉無本金遠期外匯
〈NDF〉途徑之商榷

　　受印尼局勢不穩及日圓貶值逼近一三六兌一美元關卡的影響，台幣在東南亞金融波動壓力仍強，迄今年五月廿三日已遽貶至三三‧六〇四兌一美元作收。由於台幣的幣值變動頻仍，外匯匯率波動亦甚大，最近 NDF（Non-Delivery Forward）交易被運用來炒作匯率的情況頻頻出現。於是，央行在不願見台幣貶值過大之情況下，自認為有責任出面干涉外匯市場，將其平穩，遂而祭出撒手鐧，決定自五月廿五日起關閉國內法人承做 NDF。央行以為，去除外銀操作 NDF 的不當投機行為及遏阻外匯市場投機炒作 NDF 後，新台幣應可回穩止跌。

　　然而就在央行宣布外匯市場的禁令後，央行此次干預金融市場自由化的功能卻廣受質疑和指責，到底央行在決定干預時，是否已做了最妥善的運用？如果，現在外匯市場因炒匯而失靈須由央行出面干預，那麼，如果一旦連央行金融政策也失靈了，而所形成的缺憾竟比原先想要彌補的外匯市場失靈更大，屆時該怎麼辦？何況，藉關閉 NDF

途徑，未必能紓解台幣貶值的困境，因此，央行實有再進一步商榷之必要。

造成炒作 NDF 之起因及關閉後之衝擊。

自一九九七年亞洲金融風暴以來，對台灣金融市場衝擊波動頗大。行政院主計處公布台灣第一季經濟成長率已向下修正，僅達五・九二％。再根據央行外匯局統計，今年四月底，我國外匯存款餘額呈現一年來首度的負成長，而成為六一七五・八二億元，其主要係因台幣匯率穩定存戶提出支付國外進口貨款所致。因此，新台幣的穩定與否，NDF 只是其中一個因素，若不是新台幣受到亞洲各國貨幣貶值的壓力，出現由去年二十八元左右的價位，滑落至目前三十四元左右的大幅震盪行情，NDF 也無從炒作。

眾所周知，外匯銀行是外匯市場的核心，為保值與投機的雙重因素，最近貨幣市場的外匯交易極為活絡，而不是以往單純的貨幣兌換美元性質了。台灣最近會產生無本金遠期外匯（NDF）與遠期外匯（DF）之間的套利活動，主要是因為央行限制銀行承作 NDF 的量為銀行美元部位的三分之一，因而造成 NDF 價格高漲，正因為有價差存在，廠商才可以低價買進 DF，再兩高價賣出 NDF，進行套列。

然而，對於當前央行關閉國內法人承做 NDF 之動作，其中衝擊最大的，如花旗、大通、匯豐、荷蘭等外商銀行皆大失所望，因為，如此一來，外匯銀行調整外匯供應的機能便無法發揮應有的功用，同時也打擊台灣辛苦建立的

金融自由化的國際形象,也多少會影響台灣未來加入 WTO
世界貿易組織的步調,而台灣距離亞太金融中心的夢想也
將越來越遠了。另一方面影響最大的是廠商,NDF 屆時的
價差波動反而必須由現貨市場來吸收,匯率震盪在短期內
恐將更加劇烈。而國外法人機構想要以新台幣選擇權避
險,成本也將比目前墊高,因此,關閉 NDF 後,究竟是否
能就此阻絕投機炒匯空間,抑或造成匯率變動更為劇烈?
由於實施期間尚短,成效如何一時無法做一論斷,未來一
個月,終將逐漸顯是否能使台灣止跌回升。不過,央行為
整頓外匯投機抄作、嚴格維持金融紀律之決心,這點針對
外匯市場投機客而言,或許也該有所頓悟!

　　邁向國際金融自由化之途方為上策

　　吾人以為,外匯市場機能要有效運作,除了必須有相
當水準的從業人員與設備外,最好也能配合以下條件施
行:(一)提高外商銀行經營效率及守法精神;(二)建
立外銀的信用考評制度;(三)鼓勵加入存款保險制度,
加強配合金融檢查;(四)修訂外匯管理條例,有關防止
投機客抄匯之防範措施;(五)建立外商銀行資金運用追
跡制度及隨時留意客戶資金調度情形。

　　總之,台灣是海島型經濟國,進出口貿易影響經濟甚
鉅,唯有對外金融自由化才是經濟成長的推動力,也唯有
強化台灣本身的經濟實力,才能真正吸引外資來台投資的
意願,而使國人對台幣深具信心,俟亞洲金融風暴危機一
除,台幣自然止跌回穩。最後希望央行關閉 NDF 只是屬於

過渡期的一項短期措施，今後能繼續加強外匯市場自由化的
機制，方為上策！

　　　　　　　　── 刊臺灣《自立早報》，1998.05.28

「南吳北馬」是
國民黨「最後旋風」！

　　就在社會驚愕之餘，國民黨臨危授命「南吳北馬」陣容後，立即重新捲起選戰旋風，一齣過程緊張的「世紀大對決」的開鑼大戲即將開演，台灣選民究竟該以什麼樣的心情，看待這戲劇性的大轉變呢？對支持「南吳北馬」者而言，這遲來的喜訊，也不是多麼特殊和奇怪，只不過恰恰反映整個國民黨的最後掙扎。至於他們倆為什麼會有這樣的選擇，歸根到柢，仍是一種政治的宿命吧！當我們看到馬英九淚光隱現卻又不時流露出愛國的神態，再看看吳敦義市長幾度陷入深思的痛苦表情，於是，一個在心理上再也輸不起的民族情感竟油然而生，試問：我們是稱道他們有愛國精神呢？還是該批評他們的遲到穩退？

　　對他們而言，這次選擇，可能是一種甜蜜的負擔，然而這極為矛盾的黨國情結與急流勇退的雙重變奏，不知讓多少國民黨菁英付出了無數沉重的代價。未來，面對黨內分崩離析，如何重整旗鼓，擺脫暗潮湧動的局面，來爭取

選民的認同，已成為國民黨執政以來最嚴峻的一次考驗。三年多來，民進黨平時的公眾形象已顯著改善，另外，文宣訴求策略也較符合民意，仔細考量，不難理解一九九七年十一月的縣市長選舉一役，這絕不是因一次歷史的意外，才讓民進黨獲得成立十一年來最大的一次勝利。反觀國民黨，不可否認的，國民黨的選票正逐漸流失中，而黨員的形象也一點一滴受傷了。追究其因，導致整個國民黨的慘敗，更證明選民厭惡金權歪風、官商勾結舞弊、社會環境品質惡化等問題。今後政局若要趨於真正的安定，有三個關鍵性因素：一是朝野間應摒除私心，體恤政治現實，共創新局，建立法治社會。二是經濟建設與環境污染防治兩個目標的努力與實踐。三是適應民心、關心民瘼，建立一個有與人民溝通的良性管道。

今天，選民的眼睛是雪亮的，雖然民進黨與日俱增的影響力，將使國民黨或新黨在選舉過程中備感吃力。然而，「南吳北馬」最重要的一關，就是為國民黨守穩市長的寶座不被民進黨攻陷。過去，國民黨長期以來勤於內鬥，不但大大重傷全黨實力，且敗壞黨紀，這種黨政的腐敗如今已在萎縮整個國民黨的生命力和創造力。展望未來，國民黨該如何儘速對地方有不盡遺力之處進行補救實為當務之急。總之，年底大選，在國民黨傾力推出「南吳北馬」之際，的確平添了幾分看頭，問題是，誰才是選民心中的新

希望？我想，一切仍得視其選前經營的成果而定。於今，
國民黨是否已有勇氣、智慧，再度飽嚐擁抱人民的痛苦試
煉呢？

　　　　　─ 刊高雄市「自由晚報」，1998.06.02 社論版

亞洲第二波金融風暴已見端倪

　　1997 年 7 月亞洲金融風暴爆發以來，已令亞洲各國貨幣貶值一○％到八○％。據亞洲各國今年首季報告統計：泰股跌到十一年來新低點，日本失業率已大幅攀升至四‧一％，日圓對美元也即將重貶至一四○的價位，日本前九大銀行上一會計年度，共勾消五七○億美元的龐大壞帳，不得不使日本政府宣布日本進入景氣衰退期。另外，印尼政局動盪不安，南韓發生十萬人罷工事件，股市更創十一年來新低，今年五月，南韓進口劇減而出現三八億美元貿易順差。馬來西亞也出現十三年來首見急劇衰退期，菲律賓經濟成長率僅一‧七％。新加坡 GDP 也跌至一‧六％，台灣失業人口升至二萬人空前高峰，而香港首季 GDP 也已縮短二％，由上述綜合得知，整個亞洲金融風暴可說是如雪球般愈滾愈大。

　　邁入六月的台灣，經濟情勢大為逆轉，股市、匯市一片慘綠，可用「內憂外患」四個字來形容，而今年首季經濟成長率也已遽降為五‧九％，外貿表現情況極不樂觀，今年前四月台灣貿易順差僅二億美元。四月景氣對策信號黃藍燈，也顯示台灣經濟景氣已反轉向下的警訊。中國大

陸方面，今年首季貿易順差達一百多億美元，然而中國大陸銀行雖然總資本只有三千一百七十億人民幣，但呆帳及壞帳卻高達一兆，相當於資本的三倍，未來一旦遭受第二波金融風暴的襲擊，大部份的銀行都將面臨危機的命運。展望九八年亞洲第二季的經濟景氣已出現全面衰退的前兆。一旦日幣持續重貶，即將動搖人民幣捍衛的決心，最後通貨緊縮也將提前來臨。

── 刊臺灣《自立早報》，1998.06.03

南部服務中心　盡力做到下情上達

　　一九九八年六月一日，「行政院南部服務中心」在高雄成立的消息傳來，的確給了高雄居民一個規劃美好前景的想像空間。其實，造成南北地區差距的主因不在經濟，而在社會與文化建設層面。當今高雄居民最惱人的問題是水資源太少、太髒的問題。另外高科技產業未來對水的需求也很大。例如楠梓加工出口區電子業就經常面臨水、電的問題，在「中心」成立後的今天，期能加速協助解決，以免遭瞬間停水電之苦。

　　另外，為解決高雄長期以來水污染而導致對高雄地區環境品質降低的問題，筆者建議：（一）優先儘速撥款整治高屏溪、阿公店溪、典寶溪、二仁溪等高污染源河川，並嚴加取締非法砂石業、養殖場、養豬場、地下工廠、石化工廠等恣意破壞、污染水源；（二）重新修訂「土壤污染防治法」及環保法令，加強嚴懲污染水源者之法律責任；（三）透過教育宣傳節約用水、督導業者及全高雄市民做好環保及資源回收工作。總之，我們希望行政院南部服務中心的設立，能真正落實為南部民眾整治河川、解決水污染的危機。並儘快拉進與南部民眾間的溝通距離，提高政府、民間、產業間的互動關係，盡力做到下情上達，方為

南部居民一大利多。

─ 刊臺灣《中國時報》，1998.06.05

太陽光電能〈PV〉將是
二十一世紀再生能源的新貴

在台灣，能源資源極為缺乏，媒、油大多仰賴進口，目前台灣電力發展仍是以核能、火力、水力為主要的電力來源，其中火力發電對環境有相當程度的污染，同時燃燒產生大量的二氧化碳，所造成的溫室效應，及全球溫度上升的問題，正普遍受到國際間及環保人士之注意。而水力發電則因牽涉水庫興建工程浩大，且易造成生態環境破壞等問題，在台灣已不太適合再大規模興建。於今，核電增組似乎是政府在能源會議評估後的一個痛苦抉擇。

生態遭破壞　無法輕易復原

事實上，在翻騰的歷史長河中，多年來，雖然台灣的核電廠一直默默的努力，不斷的改善，然而，也一直潛在地發生對生態破壞的影響，不是數據所能估量的。例如民國 1984 年間，監察院調查恆春南灣造成珊瑚白化原因，赫然發現核三廠溫排水疑是影響珊瑚白化原因之一。次年七月，又發生核電廠意外火災，七十六、十七十年二月珊瑚

白化情形最爲嚴重，類似這種意外，究竟誰能彌補得了核電對生態破壞的恐懼呢？就因爲一個錯誤的意外。導致生態的破壞，不是可以輕易復原的，使得台灣最近環保團體必須做出強烈地抗議反應，也一直期則政府在生態維護方面多作努力。

目前先進國家都極力開發無污染的新能源，其中「太陽光電能（Photovoltaic 簡稱 PV），是唯一無污染的天然資源，它利用太陽光，直接轉變爲電力輸出的技術已成爲萬受矚目的科技產物。放眼世界，美國是全球太陽光電能技術最領先的國家，歐洲方向，自從俄國車諾比（chernobyl）核能外洩意外事件後，更積極發展無污染的能源，在日本方面，太陽光電能系統成本正逐年下降中，雖然目前 PV 無法像核電提供全民使用之大型電力，但在未來十年內，太陽光電能系統在住宅之應用，將是極具經濟效益與競爭力之新能源，這對於未來十年內減少台灣廢氣污染與紓解尖峰電力負載將是相當可行的一種新能源開發方案。」

太陽能板技術　日新月異

未來政府若能增加科技界或學術界之研究補助，或引進最新技術，積極研發 PV 之開發，初期，可比擬日本政府推行獎勵補助民間淨能計畫之辦法，以達到未來 PV 之普遍應用，由於太陽能板之技術日新月異，可預見在廿一世紀將成爲劃時代的科技新貴。今後政府產業政策應具有

前瞻性的方向，除了先致力於減少高耗能產值和增加低耗能與高附加價值產業的比重外，也應著手研發 PV 之最新技術，來全面提昇能源技術與效率，以消弭二氧化碳充斥的可怕危機。在邁向二十一世紀之前，台灣產業界還有一條迢遙的艱辛之路要走，為了使經濟及生態環境創造永續發展，若再毫無節制地擴增核電，將是政府「無悔策略」下的一大穩害。

—— 刊高雄市《民眾日報》，1998.06.06 財經專欄

別讓 RCA 悲劇再歷史重演

如何有效整治河川及地下水源正考驗當局智慧

　　最近桃園縣爆發了台灣美國無線電公司（RCA）廢棄
舊廠繼續殘留有毒污染事件，確定由於該公司附近的土壤
與地下水源因遭有毒物污染，長期累積接觸下來，迄今已
造成當地居民及離職員工罹患癌症病歷激增的悲劇，消息
傳出，震驚全台灣社會。

　　根據環保署調查：台灣地區約九萬家工廠，每年六十
五萬噸工業有害廢棄物的妥善處理率，估計僅有 43％，而
未能妥善處理的廢棄物，全部是地下水的潛在污染源。
RCA 就是因為當年存有致癌物質的氯化烴熔劑處置不
慎，暴露在工廠附近並滲漏至土壤和地下水源。最可怕的
是，這類污染物自然分解的速率比一般的碳氫化合物慢許
多，因此，容易造成污染物長久留存地下數十年以上。也
因正如此，如今 RCA 廢棄的舊廠雖然已歷經四年的整治，
卻仍難以阻止受害者罹患癌症的悲劇產生。試問：政府相
關單位豈能不儘快展開調查並協助受害者乎？

　　反觀高雄，過去，因一昧追求工業發展，而忽略了寶

貴的水資源，以致無法達成水資源的永續發展，且因水質污染嚴重而導致高雄地區環境品質日趨惡化，迄今，仍有許多非法業者在暗處污染地下水源，追根究底，造成地下水污染源主要包括：（一）輸油管線油管、油槽或油料外漏。（二）傳統石化或地下工廠的廢水、廢料。（三）電子半導體殘留有害的工廠廢料。（四）河床旁不法的砂石業、畜牧業、養殖業、養豬業等排泄物。（五）堆積垃圾或難溶於水的有毒物質等，經過長期累積的恣意破壞、污染水源，如今，高雄已面臨水資源太少、太髒的空前危機，高雄居民也已付出了相當慘重的代價，水質不穩定的陰影在每個人的心中已難以抹去。未來當局者如何有效地落實為高雄居民整治河川及地下水源，實考驗當局者的勇氣與智慧。但願大家能一起來做環保及資源回收工作，以減少水污染源。筆者在此呼籲餐飲業者應杜絕以地下水烹煮食物，以免毒害後代子孫，別讓 RCA 的悲劇在歷史重演。

—— 刊臺灣《自立早報》，1998.06.09

非法吸金　金融管理死角

　　台灣又再度爆發跨國集團違法吸金事件，粗估參與投資的人數已超過二千人受害，吸金達五十億元。細觀這次寶利集團違法吸金的犯罪模式，主要是冒用銀行出具的擔保，再以「保本、高利」宣傳手法以及看準人性的貪婪弱點，來獲得投資人的青睞，短短時間，竟可以吸收數十億龐大的台灣游資，手法的確高竿，實教人對台灣地下吸金氾濫的情況捏把冷汗。此亦暴露地下非法吸金已成為台灣金融管理的死角，這是否也意味民間投資者對風險管理問題太過於輕忽？

　　事實上，對台灣社會衝擊最大的經濟犯罪，應該就屬鴻源投資公司了，當年非法吸金高達新台幣一千億元天文數字，成為台灣有史以來最嚴重的地下金融問題。然而近年來地下非法吸金的發生密集，犯罪模式一次比一次手法更高。於今，為了確保投資人的權益，除了調查局及財金當局應負起加強追查及行政延宕失責外，未來如何藉此重新整頓弊病叢生的地下非法吸金行為，實為當務之急。而

外商銀行也應將風險和危機管理列為首要加強任務，最後，期能藉此殷鑑，呼籲社會大眾，萬不可因高獲利的誘惑，而重蹈覆轍，弄得血本無歸的悲劇降臨。

── 刊臺灣《中國時報》，1998.06.09 輿論廣場

歐元取代美元有待嚴格考驗

　　所謂歐元（EURO）系指歐洲經濟暨貨幣聯盟（EMU）結合：德、法、西、義、荷、比、芬蘭、愛爾蘭、奧地利、葡、盧森堡歐洲十一國，在一九九九年一月一日正式運作的同時，為因應歐洲貨幣單一制度所推出的貨幣單位。目前整個歐洲大陸共有十五個主要流通貨幣，由於政經層面的整合，將更能提升資源運用效率及競爭力，於是歐陸主要核心國家舉行歐盟（EU）高峰會及歐洲會議後，為推動歐洲貨幣統合制度，自一九九八年七月一日後，歐盟各國只能流通歐元，各國央行成為歐央行（ESCB）各地分行。目前歐盟已開始整合各國稅制，因牽涉各國主權，可能遭遇些阻力，而致整合歐元一路備感艱辛。

　　原則上，自明年起的歐洲各國央行預計將拋出一千六百億美元外匯，屆時，可能將造成美元貶值壓力。在歐洲公債方面，歐元十一國為推廣歐元，以歐元表示的債券與原各國債券存有利差，次級市場也將有套利空間。由於歐元整合了十一個國家、兩億九千萬人口、六兆四千萬美元的經濟實力，國際間普遍預測，以歐元發行的政府債券、股市對於全球投資人而言，將是一個外匯避險的新選擇。

另外，在黃金方面，歐盟會員國央行現有黃金，佔全世界央行擁有黃金的四分之一以上，因此，未來歐盟各國開會後，如決定增加歐央行的外匯存底，則國際金價預計將有提升空間。最近已有不少知名的國際資產管理公司（如摩根史坦利、高曼投資公司、美林集團等）也陸續飛往歐洲市場企圖開拓投資機會。而歐洲各國的景氣，如今亦隨著「歐元」的即將實施而出現明顯的復甦。

　　根據美國銀行指出，自一九九〇年以來，歐盟各國大約吸納亞洲十三％的出口量，過去七年來，歐盟各國貿易額每年平均成長一四·八％。對台灣而言，歐盟是台灣第三大出口市場，大部分以出口服務業、電子電器、製造業為主。依據統計，一九九七年台灣與歐盟會員國之雙邊貿易達三五〇·八八億美元，占我貿易總額的一四·八％。估計明年歐元上市後，由於價格透明化，台灣出口產品面臨歐盟產業之強力競爭下，對於歐洲的出口可能不如預期地大幅成長。因此，在歐元前景尚未明朗化前，筆者建議投資人應及早規劃歐元上市後之避險選擇或採歐元報價之相關問題，以減少交易風險，並隨時掌握歐元變化的新商機。至於歐元區外的英國、丹麥、瑞典及希臘等四國，因加入 EMU 的時間表仍未定，明年仍可採美元報價。

　　── 刊臺灣《自立早報》，1998.06.17 言論天地

對央行調降存款準備率
爭議之省思

　　最近在詭譎多變的金融情勢變化下，央行的貨幣政策究竟如何抉擇，已引起市場彌漫著一股不安的揣測與聯想。筆者以為，央行在考慮調降準備率之執行的前提下，最重要的是：央行必須有控制貨幣供給量之能力。否則，一旦因決策的時間落後或執行落後，導致投資者失去信心，最後，可能導致股市開始轉趨衰弱，不僅達不到原來緩和股市、匯市下挫的目的，反而有加速台幣貶值壓力的效果。

造成股匯市震盪不安的因素

　　最近台灣股、匯市呈現震盪不安的主因，追根究底，大概有以下三項因素：（一）、日圓重挫─據五月份統計，日本總額貸款中，就有高達五千五百億美元的不良債權，總計銀行體系不良貸款比率逾二十％。東亞金融風暴以

來，日人在東亞各國的投資與貸放總額超過二千六百億美元，而形成鉅額不良呆帳，致使東南亞最大投資國與貸款國的日本銀行受創慘重。最近，在日圓重挫到一四○左右的價位之陰影下，也已嚴重衝擊整個亞洲金融市場。日圓重挫，連帶也波及到台幣貶值效應明顯擴大。（二）、央行與財政部步調不一的後遺症－央行雖然關閉無本金遠期外匯（NDF），企圖達到遏阻外匯投機效果，實施迄今一個月來，國內 NDF 被運用來炒作匯率的盛況已日漸式微，惟關閉 NDF，未能紓解台幣貶值困境。如今，由於國內具避險作用的期貨市場仍未完成熟，造成外資及國內法人無充分的避險工具。（三）、亞洲金融風暴陰霾未除：金融危機令亞洲各國貨幣貶值 10 到 80％，如今，亞洲資產泡沫破滅，經濟體制也嚴重受創。據台經院調查，台灣入第二季景氣燈號可能再現黃藍燈，廠商對未來半年景氣之綜合指標，亦較第一季減少，顯示廠商業對景氣看壞之比例已增加。特別是前五月的貿易順差只有七億多美元水準，使得下半年的貿易收支狀況亦蒙上陰影。預計今年的經濟成長率已不可能達到 6％。世界銀行更大膽指出：亞洲將正式進入深度蕭條期，也正因外資看淡亞洲市場前景的預期心理之下，最近外資才急於匯出資金轉流向歐美市場另尋投資契機。

　　至於，央行迄今仍不願調降存款準備率，檢討原因，乃是到目前為止，商業銀行並未有明顯資金緊俏的強大壓力，此外，根據今年五月的貨幣供給額 M2 的貨幣乘數（money multiplier）來看，目前 M2 年增率為 8.45％，相當接近央行致力於把貨幣供給額 M2 年增率控制 6％至 12％的目標中線。據估計，到七月底前，市場資金缺口約有新台幣五百多億元，央行自認為，短期內只要以公開市場操作方式，進行短期調節，或是釋出郵儲本以造成較長期的寬鬆效果，便足以消除市場資金緊俏的問題。也正因如此考量，央行最近才不急於動用調降存款準備率這種強力貨幣（high-powered money）工具，否則，央行最擔心的是，可能因釋出的資金，萬一淪為炒匯工具，反不利台灣金融穩定。

俟匯率持穩應調降存款準備率

　　綜合以上分析，歷經金融風暴的浩劫後，今後，為提振台灣經濟景氣，唯有從擴大公共投資和刺激民間消費著手，而央行也要力守得住新台幣匯率穩定為優先考量，以消除新台幣持續貶值的預期心理，否則，就算調降存款準備率，對台幣貶值的利空勁道，最後也終將反過來衝擊到股市本身，最後，央行很可能使匯市股市紛紛重挫，反倒

加深台灣經濟動盪不安。唯以較長期性眼光而言，未來俟匯率持穩之際，屆時，央行就應宣布調降存款備率，降低工商企業的資金成本，以提供對於市場正常的資金需求之充分供應，另外，金融期貨及 NDF 等銀行業務國際化也必須配合時宜開放施行，方為政經安定之良策！

—— 刊高雄市《民眾日報》，1998.06.27 財經專欄

悲泣的荖濃溪

上游招挖中游濫墾下游滿是廢棄物
河川生態遭破壞飲用水源安全堪慮

報載，荖濃溪沿途河川，佈滿了出租種植果樹作物、廢棄物污染及砂石濫採，造成河川生態環境之破壞，瀕臨死亡邊緣！其實，早上去年十二月以來，荖濃溪就已出現斷流情形，並且持續惡化的現象，在高美大橋附近約十公里的河段上，遠遠望去，已找不到一點水的蹤跡，乾枯的河床及龜裂的河床沈泥，使原本荖濃溪河川的生長的魚類族群生態系，已全部蕩然無存！

最近幾年，由於荖濃溪中、上游的集水區山坡地超限開發，長期因河床乾枯而出租種植及濫採砂石，其間還有無數的河灘成為廢棄物棄置場，導致水源涵養功能逐漸喪失。加上有人大量攔截溪水利用，結果致水源補注不足。根據生態專家提出的警告，如果荖濃溪斷流太久，將會使地下水位下降，並使河海口的海水入侵，造成土地及地下鹽化。

甚於此，如果政府還不儘快搶救荖濃溪，最後，荖濃

溪終會變成一條枯竭的毒水源，回過頭來，危害大高雄居民的飲水安全。荖濃溪的歷史悲歌，希望能帶給所有遺忘河川生態之情者，一番沉痛的省思！

　── 刊高雄市《台灣新聞報》，1998.06.29 輿情廣場

不容輕忽美濃族群的民意
傾向及鄉土情懷

　　一九九八年六月廿七日，民視在美濃國小舉辦的美濃水庫興建與水資源座談會上，其中，就經濟部長王志剛堅持，美濃水庫為供應民國九十五年以後的民生、工業用水，應該繼續執行興建計畫一案，已廣泛引起反水庫聯盟及部分學者專家等激烈反對，使美濃水庫成為南台灣備受關切的話題。

　　其實，造成反水庫之聲浪大起，追根究底，仍為南台灣缺水及水質不穩定的陰影隨時存在所致。可嘆的是，南台灣河流又短又急，目前無法有效蓄水，而且平原水庫水淺，必然較為混濁，也不易作為民生之用。但是，台灣因處於歐亞版塊與菲律賓版塊的衝撞區，地質大多脆弱，也不太適合建高山水庫，這也是當前台灣各水庫常有淤積嚴重及破壞生態環境之虞，使得未來數年南部水資源太少、太髒的問題日趨嚴重。

　　筆者以為，以台北翡翠水庫為例，頂多也只能用到民國一〇五年左右，無法成為永續發展的水資源。如果現在

拚命在南台灣也蓋一個美濃水庫，過了三十年，又得回歸
到水庫週遭生態環境淪為不毛之地的光景。且美濃水庫和
南化水庫的質地大多雷同，而南化水庫在興建完成後迄今
已造成嚴重淤積現象，如果這些經驗都無法讓政府官員再
三思慮而一味強制執行下去，未來，對美濃客家族群而言，
他們的悲壯和無奈都是令人沉痛的。

　　基於此考量，為了保存客家文化不受外來環境破壞的
衝擊，以及維護其產業權益，為今之計，我們只好先行設
法節流減少水資源使用量，並以防治水污染、整治河川為
優先作法。在行政院南區服務中心已正式於六月一日在高
雄成立之際，我們希望能儘速成立整治河川專責單位，加
強取締恣意破壞、污染水源之非法業者，同時，建污水下
水道以杜絕水污染源。

　　　　　　　　── 刊臺灣《自立早報》，1998.06.30

環境評估未列入優先考量
興建水庫安全將產生變數

　　據聞，中山大學最近正接受水資源管理局，委託一項斥資一千多萬經費的學術研究計畫，積極展開為期一年的美濃水庫評估調查工作。由於整個美濃水庫案，前前後後，已審了足足六年多的時間，迄今，經濟部仍頻頻表現出高度重視，又難以抉擇的矛盾情懷。追根究柢，主要是因涉及美濃人安全疑慮未除及環境評估影響報告遲遲未出現所致。也正因此，使得整個美濃案仍處於膠著狀態。

　　時至今日，筆者以為，為免於興建水庫案而造成美濃鎮民安全產生過度恐慌，未來，在學術單位及專家對美濃地區地層，經正確的地質勘測下，一旦發現並不太適合建美濃水庫的話，政府就必須立刻宣布停止興建美濃水庫，並務實地改以正確的管理水資源方法，來取代美濃水庫興建案。為有效解決南部水資源太少、太髒的問題，政府應優先提撥整治河川經費，並提出一套環境與經濟政策的通盤計畫，包括：A、初期作業：（一）全面取締違規非法抽用地下水。（二）禁止在河床上傾倒垃圾、排放廢水，

並重金懸賞濫採砂石業者。（三）整治澄清湖底部淤積嚴重現象。（四）積極搶救高屏溪、荖濃溪，並嚴格管理農、工用水。B、中期作業：（一）提倡節約用水觀念或利用調高水費策略，以反映水價的合理化。（二）政府應加強集水區的保育及森林、水土保持工作，並透過環境教育的啓迪，以喚醒民眾共同重視保護水資源。C、長期作業：（一）委託專家或學術研究單位研發現代化淡化海水技術，利用投資報酬率及未來營運收支等相關資料進行內外部成本效益的評估，詳細估算每公噸高純度用水售價，一旦研發完成，認爲積極可行階段時，再報經濟部研議。（二）繼續開發其他替他方案，並制定以民意群體爲主的環境政策，讓公民參與重大公共政策的效果因而得以發揮，以確實做到政府尊重民眾的生活品質提昇。

　　總之，爲了美濃人不受外來環境破壞的衝擊，以及維護其產業權益，在水資源研究中心尚未提出美濃水庫學術研究報告以前，爲今之計，我們只好先行設法節流減少水資源使用量，並以防治水污染、整治河川爲優先作法。在行政院南區服務中心已正式於六月一日在高雄成立之際，我們希望能儘速成立整治及取締恣意破壞、污染水源的業者，同時，建污水下水道，以杜絕水污源。

　　── 刊臺灣《民眾日報》，1998.07.05 專題報導

兩岸地下匯兌日漸猖獗
肇因法令不周全　守法觀念淡薄

　　驚聞近年來兩岸地下匯兌活動十分猖獗，每年通匯金額高達新台幣數百億元，除直接導致台灣金融市場之不安外，進而涉及兩岸的經濟活動與發展，而且也可能不是單純經濟性的問題。目前法務部調查局有鑑於此，已成立專案小組大力掃蕩，惟迄今仍無法杜絕地下匯兌交易活動。

　　筆者以為，今日臺灣，隨著金融環境的快速變遷，市場上姑息氣氛的瀰漫，導致經濟犯罪手段層出不窮，中國守法重信之美德，早已日漸式微，現有的「金融法規」已不敷因應，才會造成部分銀樓、旅行社等違規營業，從事變相的非法匯兌行為，亟待政府制定嚴格的法規來匡正及輔導。當今地下匯兌活動，最受人詬病之處，就是業者不遵守金融法令、違規或脫法營業，而且屢悛不改，解決地下匯兌活動之短程應急措施，則期待相關單位積極展開全面追查行動，以展示進行金融紀律整頓的決心，但在實際上，如欲台灣金融市場獲得長期的安全，則尚配合金融制度，予以有效的改革，其重點在於以嚴格的金融法令與教

育守法觀念雙管齊下，從當前金融市場極端困擾的局面中，對內能儘快處理地下匯兌猖獗的問題，對外能抵抗國際投機客對台幣貶值的打擊。

　　── 高雄市《台灣新聞報》，198.07.09 輿情廣場

垃圾危機事件與政府解決之道

　　鳳山市爆發垃圾大戰，是今年以來在南台灣出現的一項重大的垃圾抗爭事件。雖然在動用近千名警力對峙之下，終於在兩位首長余政憲及吳敦義出面積極協商後，雙方達成協議而暫告落幕。不過，此事件亦凸顯出，在垃圾處理用地愈來愈困難的情形下，實有必要對垃報危機重新檢討。

　　台灣的垃圾處理品質粗糙，是全省普遍發生的環境問題。目前在台灣共有三百餘座垃圾掩埋場，其中多數都已十分接近飽和狀態，而使得未來數年內，垃圾處理問題日益棘手。追根究底，造成全省垃圾積滿為患的主因，是因為過去十餘年來在都市計畫中，對垃圾場的規劃過程並未將垃圾場環境污染防治工作列入重要考量，政府單位總是等垃圾堆到萬不得已程度，才不得不關閉一場，又另闢新垃圾場。如此惡性循環之下，以致造成垃圾場附近居民因長期飽受垃圾二度污染而產生厭惡印象。

　　筆者以為，如果當初就將垃圾場建設成為綠化的休憩場所，並全面作好防止二次公害的污染防治的話，時至今日，應可免於因垃圾問題而造成民眾一再的抗爭行為，且

對社會整體發展也產生了負面的影響。再者，由於垃圾處理中，經常涉及土地空間規劃及民意阻力等問題，也正因此，未來政府在垃圾處理上的努力目標，似乎可從兩方面著手：（一）、在垃圾處理的規劃過程中，應建立一個有予公民參與的協商過程，來制定以民意群體爲主的環境政策，讓公民參與公共政策的效果因而得以發揮，以確實做到尊重民眾的生活品質。（二）、除改善垃圾焚化廠的現代設備及垃圾清運的設備外，政府也應積極透過環境教育的啟迪，徹底改變民眾垃圾分類及資源回收的觀念，喚醒民眾共同重視環保問題。

　　最後，基於同爲大高雄生活圈的一分子，衷心期望今後民眾能透過理性訴求的管道，千萬不可因過於激烈的抗爭行爲，以免造成付出更大的社會成本之損失。

　　—— 刊臺灣《臺灣時報》，1998.07.09 民意論壇

正視日本金融危機
與我國央行因應之道

　　東亞金融風暴以來，日本今年首季工業成長率比前三個月大幅衰退，日本企業在東南亞國家及南韓的投資與貸放總額超過二千六百億美元，就因對東亞國家的中小企業大量放款無力償還負債，而形成鉅額不良呆帳，致使東南亞最大投資國與貸款國的日本銀行受創慘重。最讓人憂慮的是，日本整體銀行的壞帳總額超過八十兆日圓，幾乎是日本國內生產毛額 GDP 的十二％，總計銀行體系不良貸款比率逾二十％。據五月份日本官方統計，日本總額貸款中，就有高達五千五百億美元的不良債權。最近，在日本金融機構的信用評等頻遭調降之下，歐美主要銀行因而一致縮小對日本金融機構的授信額度。未來數月之內，將加速日本金融界整編、合併、淘汰的行動勢必無法避免，可以預料，從今年第三季開始，日本金融機構必然大幅裁減海外分支機構，並緊縮放款，無疑地也將進一步使亞洲各國經濟雪上加霜，近日以來，在日圓又重挫回一四○左右價位的陰影下，日本金融的沈痾，已成為觸發亞洲另一波金融危機的

發源地。

　　爲今之計，日本政府已緊急成立壞帳清理公司 RTC，加速清理銀行的呆帳，讓那些喪失競爭力的銀行破產、清算、淘汰出局，並計劃提出永久性減稅方案，以期解決當前金融深層的毒源。

央行未雨綢繆　整理金融紀律乃當務之急

　　日圓重挫，連帶也波及到台幣貶值效應明顯擴大，值得警惕的是，台灣景氣燈號已連續第二個月呈現象徵衰退的黃藍燈，確定今年二、三季的景氣仍欠佳，不但影響未來台灣出口表現，對工業生產與民間投資也將造成影響。今年以來，在亞洲金融風暴負面效應的波及下，由於六月份出口仍繼續衰退，累計第二季出口衰退幅度約百分之六，更突顯出外需疲軟將是今年台灣經濟成長率的主要負面因素。

　　面對日益惡化的外在經濟環境，最近央行總裁彭淮南爲了重建台灣人民對台幣的信心，可是傾其全力捍衛台幣，終於力守穩住在卅五元關卡之前。於今，筆者仍呼籲央行：（一）對於國際游資的流竄應隨時保持警覺，適度表態遏阻炒作歪風，以避免國際投資客再度干擾，加深台幣貶值與匯率動盪不安的危機。（二）嚴格實施金檢制度、考評債信等級及授信品質。（三）央行自關閉境內法人承做 NDF 措施迄今月餘來，已明顯收到遏阻投機客利用國內 NDF 交易，運用來炒作匯率的效果。未來，除嚴防證券市

場之非法炒作及地下金融之浮濫弊端外，仍必須全力防堵外匯投機套利。（四）央行應繼續以穩定匯價為優先考量，並儘量避免進口商品價格被迫調漲，直接影響到台灣物價穩定。

　　總之，值此國際金融市場動盪之際，央行應繼續加強穩定金融市場的信心，落實金融改革，才是走出金融風暴圈之正道。

　　　　── 刊高雄市《民眾日報》，1998.07.10 財經專欄

香港經濟劇變的省思

　　一九九八年七月十三日，橋本首相辭職後，日本新內閣為期徹底處理金融機構龐大的不良債權問題，目前正處於關鍵性時刻。反觀香港，港幣未來的走勢如何？實為關切的課題。我想可以從兩個面向來觀察九七香港經濟的發展，其一，香港經濟整體已日見衰退，其二，港幣匯率的走勢仍繫於日圓的後續發展。

日圓劇貶國際投機客狙擊港幣

　　首先，造成香港經濟持續低迷的原因，淵始於九七年十月亞洲金融風暴的衝擊，隨著東亞諸國經濟崩解，帶來嚴重的金融失序，香港經濟也開始每下愈況。日圓劇貶，激起國際投機客一面狙擊港幣，一面又拋空香港股票的期貨指數，而使港股從去年七月八日的一六六七三點的高峰，重跌至今年七月的七千餘點。據港府宣佈，股市市值已由全球的第六位，跌到第十二位；香港的經濟成長，也由去年的五‧二％，急跌至今首季二％的負成長。第二季的情況也不樂觀，如今香港樓市已經不似九七回歸前飆風高漲，根據怡和高力公司調查顯示，香港各類型住宅產品

價格皆下滑二至三成，其中頂級住宅下挫幅度已高達四成以上，樓市的一蹶不振，此亦造成香港銀行資產大幅縮水，零售業也下跌了十六％，加上失業率創下十五年來的新高，從去年九月的二點二％，上漲到今年四月的四點二％，另外，旅遊業也在今年下調二成以上。由以上數字聯想，東亞金融風暴以來，香港的經濟表現欠佳的訊息不斷湧現，目前房地產、股票跌價所產生的財富緊縮效果，已經反映在民間購買力大幅緊縮上，自然也就導致景氣轉趨疲軟。由此來看，九八香港經濟整體情況已不容樂觀。

　　基於此，我們不禁想問：在「一個兩制」下的香港，未來究竟該如何因應？這是個關乎亞太經濟圈的課題。因為，一旦香港的經濟出現崩潰，誓必會嚴重影響到亞太經濟的穩定，實值得深思。

　　素有東方明珠之稱的香港，當前最大的經濟問題，乃在於港元的匯率過於高估了。港府為穩定港元匯價，於一九八三年制訂七點八港元兌一美元的聯繫匯率機制，開始港元與美元的掛鉤，這是當時的財政司澎勵治諮詢英、美銀行家之後所作的決定。不料，東亞金融風暴襲捲而來，亞洲各國貨幣紛紛對美元開始貶值，但是，香港當局採取拋售美元捍衛港幣，並大幅提高利率，才使得港幣迄今仍然力守在七、八元兌一美元的固定匯率上。惟到五月底為止，港元兌日圓匯率高估幅度已超過四十％以上。今年以來，港幣高估的後遺症湧現，使得香港的國際競爭力逐漸惡化，結果造成香港本地資金出現嚴重不足，港股大幅回

落，外資撤離香港的趨勢漸顯，利率也愈見走向趨勢。況且，香港以高利率捍衛港幣，對於今年已經呈現負成長的香港經濟而言，無疑是雪上加霜，除了傷及香港民眾資產縮水、房屋貸款緊縮外，同時也在今年上半年付出經濟成長嚴重減緩的慘重代價。

面對香港經濟極為嚴峻下，未來如何適度修正現在以七、八元兌一美元的固定匯率釘住美元的不合理價位，實須要港府具有極高度的政治智慧與勇氣。最近，日本新內閣重組後，是否能針對當前日本金融的沈痾，提出深具人心的振興改革方案，已成為眾所矚目的焦點。展望未來下半年，倘若日圓再度失控暴跌，港幣仍須嚴防國際投機客的再度炒作，另外，在中國大陸今年也出現出口明顯減緩下，一旦日本金融危機的衝擊加深，甚或人民幣後勢也將存變數，值得密切注意。

香港有待金融風暴埃落定

綜上所論，在亞洲金融風暴逐步蠶食的情況下，香港未來是否能再度扮演亞太經濟圈的耀眼角色，除有待金融風暴的塵埃落定外，仍必須端視中共對於九七的政經承諾而定。（作者林明理為屏東永達工商專校講師）

—— 刊高雄市《民眾日報》，1998.07.24 財經專欄

不容輕忽的中國金融情勢

一九九八年七月廿九日，從來自國際穆迪投資公司擬調降大陸九家金融機構信用評等的警訊來看，大陸原計畫三年內改革銀行體系目標的執行現況，似乎也已面臨令人擔憂的「關鍵時刻」。究竟為什麼中國當局極需鐵腕整頓金融體系？已成為備受關切的課題。

推動金融改革益形困頓

受到亞洲金融危機持續擴大波及，大陸周遭國的貨幣紛紛貶值，相形之下，人民幣的相對升值，非但削弱了大陸出口商的競爭力，對大陸引進外資方面也造成了極大的衝擊。而大陸的內需市場也出現供過於求的疲態，追根究柢，主要是受失業問題日趨嚴重以及今年春夏持續不斷的洪水暴雨侵襲，使得大陸居民普遍存在消費意願不高，而導致近二日種商品出現供給過剩的現象。

當前，中國國務院總理朱鎔基最迫切的任務，是在於能否成功地整頓金融體系。中國大陸存款規模高達五兆人民幣（六千億美元），截至去年底，所有金融體系的信貸餘額高達七兆五千億人民幣（九千億美元），其中，逾期

的呆帳大約佔貸款總額的百分之二十。雖然中國大陸迄今仍有一千四百零四億美元的外匯存底，但是，大部分中國大陸的銀行卻難以應付當前國有銀行的呆帳、壞帳問題。

此外，中國國家審計署今年上半年的審查中，發現大陸信託投資公司的不良資產保守估計超過人民幣一千億元，目前大陸共有二百四十四家信託投資公司，當中隸屬中國的有二十二家，但絕大部分都處於虧損狀態，其中，以廣東省和海南省的情況最爲嚴重，主要是與大量資金投效於房地產和股票高風險業務有關，正因爲現在這兩種投資都市況低迷，令這些信託投資公司敗務紛紛面臨嚴重危機。基於此，爲避免亞洲金融風暴衝擊大陸脆弱的金融體系，中國當局只好鐵腕整頓金融市場，並一口氣在今年元月份關閉了三百多家信託投資公司，目前大陸僅剩上海與深圳設有經中國官方准許的證券交易市場。

然而，令人憂心的是，大陸一萬六千五百家國有企業中有百分之八、九十皆已呈現虧損狀態。且大陸國家有企業貸款目前佔銀行總貸款七成比重，隨著今年上半年經濟景氣放緩後，將使大陸銀行體系壞帳攀高。儘管中國當局在十五大後提出以一兆人民幣改造大陸國營大中型企業，並準備提出四千億人民幣用來沖銷銀行帳務，但國際間仍憂心以中國大陸銀行壞帳比例越見攀高的險象，萬一人民幣遭受貶值空襲，極有可能發生金融危機。除了國有銀行呆帳高築的難題外，舉凡有關大陸的保險公司的結構存在顯著問題、養老金保險被部分挪用轉投資以及基金式機構

投資管理缺乏良好的監控體系等問題，也將在未來對中國
金融體系構成嚴重潛在的威脅。

整頓金融秩序已刻不容緩

綜上所言，中國當局為了積極整頓金融秩序，從一九
九七年年底以來，除了加強整飭外匯非法交易外，已開始
著手對於經營狀況惡化的金融機構，由中國人民銀行及時
採取接管，或由其他機構改購債股權、或關閉等化解金融
風險的措施，惟改革之時速仍緩不濟急。展望未來，大陸
金融體系如何推動金融改革業務、積極解決壞帳的沈痾，
而使中國金融體制趨於健全，實考驗當局者的決心與智
慧。惟日圓匯率正處於跌深不可測之際，萬一爆發日圓超
敗危機，屆時，亞洲恐難以避免陷入一場激烈的外銷戰爭
與貨幣競貶的格局。

── 刊高雄市《民眾日報》，1998.08.09

讓愛從慈悲中來

── 由王曉民探索生命真義

　　十七歲，荳蔻的年華，就讀北一女的王曉民，卻在一場車禍意外中，不幸成為植物人。迄今，整整三十五年了，王曉民不曾再度醒來，陪伴她的，只有父母的默默祈禱，來共同分擔「無語問蒼天」的痛苦！在無情的現實生活中繼續奮鬥，艱辛地跨過了無數坎坷的歲月。

　　而今，就連照顧她的雙親，也都走了，王曉民不能說、不能動，但卻真實地淌下一滴淚…，我們不必了解那淚水裡埋藏了多少的悲慟或是感激，但，誰能說，她對世間的愛已完全沒有了感覺？可以想像的是，纏綿病塌的她，亦難以割捨這份親情的生離死別！也許，在她自己的空間中，她的意識仍然活著，只不過她必須無奈地被迫接受命運的一切，只能繼續抱以尋死的心，活著來跨越這苦難世界！她的承擔，充滿了多少次奮鬥的勇氣？怎奈這世界上滿口熱心公益，卻不願「拔一毛而利天下」的，並不在少數。到底，我們的社會又能給予她什麼樣的溫暖與慰藉？來繼續幫助她在困境中，感受到社會的援助與關懷：畢竟，她的生命已不能光靠奇蹟，眼前現實生活的困境已成問題。

　　當社會日益趨向機械化，生命的真義究竟是什麼？恐怕很少人敢於解答。如果每個人生活只為自己健康，健康只為活得更久，會不會到生命終點時又有寂寞空虛之感？我常想！也許生命的真義，是要把自己的力量，無私和奉獻給社會或他人。愛，不是負擔，因為奉獻愈多，自然成就感也就愈大，如果能使愈多的人受益，自己也就會愈快樂才對。最後，期盼社會大眾從王曉民瀕死經驗中，來看清生命的實相，讓每個生命都能賦予一個莊嚴、真實的意義，也但願社會充滿愛，讓愛從慈悲中生出來！

　　── 刊高雄市《民眾日報》，1990.03.25 輿情版

失智老人孤立無援
亟待政府安養照顧

　　據新聞報導，寧園安養院內，共住了一百零八位失智老人，為解決日益拮据的安養照顧問題，亟需政府重視失智老人生命的尊嚴。

　　當今社會，處於功利充斥的環境下，道德淪喪，事情可悲，世態炎涼，處處可見。於今，政府如何運用公權力對失智老人安養問題，進行補救，實為當務之急。

　　筆者認為，為今之計，唯有在道德的規範上，修訂老人安養的相關法令，果能如此，真正的福利社會才能逐步實現。最後，期社會大眾從失智老人安養問題中，來看清生命的尊嚴，讓每個生命都能賦予一個莊嚴、真實的意義。

　　── 刊高雄市《台灣新聞報》，1999.03.27 輿情廣場

美國景氣趨緩將不利台灣經濟

根據經建會最新預測，未來第二季末時，如果沒有重大的非經濟因素干擾，台灣景氣將提前復甦。筆者以為以台灣經濟基本面之困境，在短短數月間，要維持景氣提前復甦，恐怕不容過度樂觀。

美國經濟前景堪慮

美國道瓊指數在一九九九年三月十六日首度衝破萬點大關後，萬一泡沫經濟破滅對整個亞洲的影響頗大。據國際貨幣基金（IMF）統計，美國金融帳順差在一九九七年增為二千五百六十億美元，去年仍然繼續升高，此亦顯示全球資金，不斷湧向美國股市與債市，支持美國的低利率與高股價。

目前，美國短期利率水準降至五％左右，失業率也降至四‧三％，而經濟成長率利高達三％，物價膨脹率年僅一％。表面上看起來，都是創造歷史佳績。事實上，美國股市的漲升空間確已壓縮，未來投資人仍宜提高風險意識，值得憂慮的是，超強的美元使得美國貿易赤字持續擴

大，美國對亞洲地區的出口也已見大幅衰退。而財政收支日益惡化的情況，包括去年經常帳逆差三千億美元，商品貿易逆差預估也要破三千五百億美元，外債更逼近兩兆美元。

可想而知，未來一旦美國出口持續衰退，美元勢必無法維持其強勢地位，國際流動資金則可能因此流出美國，也可能導致美國債券市場和股票市場崩盤，最後反而傷及美國經濟，這對以出口貿易為導向的台灣經濟地將有不利的影響。

台灣經濟的困頓與出路

未來台灣景氣是否能提前復甦，還有幾個重要變數：

（一）銀行的不良債權問題

一九九八年一連串企業破產增加，銀行不良壞帳風險明顯升高，九八年末期的銀行延期滯債權比率為百分之四點九三，壞帳金額高達二千億餘元，這個現象極待有效解決。

（二）失業率攀升的隱藏危機

行政院發佈今年二月份失業率為二點七三％，失業人數高達二十六萬二千人，是民國七十五年同月以來的次高水準。在感受各項人力指標依然反映經濟不景氣的心理影響，以及面臨薪資收入逆轉減縮的情勢下，導致台灣境內

消費及投資意願與行為可能轉趨保守，如此也可能導致社會人心浮動，再回頭來影響企業的生產及經濟復甦的力道。

（三）台灣油價調漲幅度

國際原油自今年三月十一日產油國家達成減產協議後，二週內國際指標性原油已連番上漲超過三十％以上，此亦間接影響台灣境內油價，如果在今年第二季末台灣油價為反映油價成本而調漲幅度過大，對台灣境內物價也將遭到較大的衝擊。

（四）財政稅收拮据浮現

據統計，兩稅合一至少會使稅收損失四百億元，再加上中央政府稅源減少，今年以後預算赤字將會急遽升高。如政府一味採擴大公共投資並採取減稅，其效果恐不宜樂觀。

人民幣貶值陰霾未除

就大陸官方公佈，大陸銀行在八十六年呆帳總額已達國內生產毛額（GDP）三十％，許多銀行已接近破產狀態。面對大陸如此脆弱的金融體系而言，人民幣未來一旦棄守重貶，勢必會引發另一波亞洲金融危機。尤其是沒有效率的國管企業卻佔去了大陸經濟發展的主要資源，這是當前大陸最迫切改革的難題。也因此，各國對人民幣是否能捍衛得住的問題都相當關切。

　　綜上所言，筆者建議，政府應加強整頓金融管理、開發出口貿易導向、嚴厲打擊犯罪、擴大台灣基礎建設以及務實推動生態環保工作等多項重大政策上多作努力。在政治上，朝野間也應打破黨派藩籬，發揮民主智慧，在政府與人民一致的努力與改善之下，期能再次締造出經濟奇蹟！

　　── 刊高雄市《民眾日報》，1999.03.30 財經專欄

美濃水庫政策之迷失

　　面對水資局執意興建美濃水庫的意圖日顯，近日以來，美濃族群發起了反水庫的社會運動，向社會民眾散發出強烈危機意識的訊息，同時，也抗議政府忽略了客家族群真正的感受。未來幾天，可想像的是，他們的抗議過程，是苦澀的，是艱辛的，但也由於他們的堅持，使得政府對興建工程必須再次更週延的考量，對美濃地方整體環境的衝擊究竟會產生何種影響？而力促經濟部重新評估環境成本的重要，從這些方面來看，美濃族群所作的努力是有代價的。

環境評估的「黑箱取向」

　　本是一個相當重要的自然生態資源，南台灣的河溪原本是清澈甘甜的面貌，然而在非法業者恣意破壞、污染水源後，目前許多河溪已變成水濁一片，令人愕惜。為解決南部缺水危機日益嚴重問題，就水資局的觀點來看，有了最佳使用的美濃水庫腹案後，現階段最迫切的水庫興建係以水源之質的改善與量的充分提供為考量，至於南台灣河川之污染整治工程或美濃族群抗議之情緒，也就被視為分

階段努力改善或溝通的市政課題。

　　其實，很少人了解，美濃水庫開發研究出了什麼問題？當水資局認為實際需要解決南部缺水危機迫切時，其環境評估作業上也就顧不得水庫地質本身條件不良的困難，時至今日，反對者仍存有水庫安全、生態保育及環保之虞。正因為水庫安全與否問題並非靜態的，隨著時間的演進以及自然環境的改變，往往也會出現不同類型的環境公害問題。例如：斷層、崩塌、基礎沈陷、河岸侵蝕與淤積等多種地質災害，而美濃水庫受到環境因素的不定性或是突發狀況的複雜性，終使該一政府美意的計畫就開始變形走調。

　　據了解，目前先進國家對水庫執行過程的環境評估相當注意，原因就在要找到一項政策或計畫在政府執行當中所出現的問題。反觀國內，水資局在環境評估尚未就實際現況重新周詳的縝密勘查前，就要擅自執行美濃水庫興建，此一決定，也將影響未來美濃族群的命運，這是當今「環境評估」作業最引人詬病之處。

因應對策之芻議

　　由以上探討，為求美濃水庫案由抗爭邁入協商的管道，並避免發生肢體衝突或流血事件，筆者提出有關因應對策之芻議如下：（一）、延聘海內外專家、學者，重新對「環境評估」通盤調查檢討，一切應以環境安全及保育為優先考量。（二）、儘速建立南台灣各河溪污染源之詳

實資料和監測系統，積極爭取經費並提升整治水源技術，包托：污染源管理、截流設施、河川垃圾清除、改善下水道、水質自動監測系統、河川污染的整治與美化工程等。

（三）、強制式管制工廠及業者廢水、廢棄物處理，重擬廢水廢棄物之污染管制措施及加重非法業者法律責任。

（四）、透過環境教育的啓迪，積極啓發民眾對水資源保護的環保意識。

於今，如果政府單位還不正視高屏地區河溪的整治問題，而一味以興建美濃水庫爲優先，這種治標不治本的作法，未來必然不利於南台灣河川之永續發展利用，而加速破壞河溪的生命力，最後也終將嚴重影響後代子孫的安危。希望美濃族群的抗議之聲，能帶給所有遺忘河川及生態之情者，一番沉痛的省思！

　　── 刊高雄市《民眾日報》，1999.04.06 學者專欄

廢棄物 別讓大地哭喪著臉

　　長期以來，環保單位對廢棄物非法傾倒之不法行為，一直未能有效根除，致今日違法業者日益猖獗嚴重地破壞了生態環境！令人憂傷的是，就連創造台灣石化工業奇蹟的台塑集團，卻也難免於因專注於工業建設，而對環境保護工作的疏忽，終究導致汞污泥的夢魘一再重演！迄今，主事官員與其消極地以低調態度去處理這棘手的毒污染源，不若積極來思考：未來如何透過加重相關法令規範，來全面杜絕所有發包工程單位銷贓廢棄物污染管道，才能有效防止土地一再被恣意破壞。

　　筆者以為，一個成功的企業楷，更應負起維護生態保育與永續經營發展的道德觀與使命感，為避免爾後再度引發更大的汞污泥抗爭事件，今後應有效作好汞污泥之最終處理，在此呼籲台灣業者，千萬別再把毒廢棄物亂丟，讓美麗的大地哭喪了臉！

── 刊高雄市《台灣新聞報》，1999.04.08

水源嚴重污染
六龜鄉民怨聲載道

荖濃溪河川砂石濫採破壞地形

　　報載，荖濃溪的次要河川，數月來由於砂石遭大量採挖，造成河川地形破壞，最近，因砂石車運輸所造成的危害問題，以及當地自來水源污染情況，十分嚴重，六龜鄉民怨聲載道。

　　以違法業者採砂而言，對業者違法處理，則依「河川管理規則」與「水利法第九十二條」處分，但，業者違法，只輕罰六千至三萬元，實令當地居民感慨萬千。筆者以為，稽查違法業者效果不彰，常見的原因是執法者因人力、設備或授權不足，或民代關說阻擾，而使依法執行成為虛應故事，俟環境事件嚴重時，權責又難以釐清，而致使大多數違法業者，也多存觀望僥倖之心，終使得環境及公害問題惡化及擴大。

　　期盼政府能運用管制手段，積極加以調整環保規範，

儘速通過加重違法處則條例修定，並力促自來水公司積極
改善六龜地區的飲水源，才能真正保障當地居民的權益。

──刊高雄市《台灣新聞報》，1999.04.17

正視失業增加的問題

　　目前，台灣正逢面臨國際競爭的強力壓力及景氣低迷的情況下，針對當前失業率攀升趨勢，如何研擬具當可行的因應對策，保障勞工權益，以進一步安定台灣勞工的生活，應屬當前政府施政的重要課題。

失業危機隱現

　　根據勞委會的統計指出。由於去年金融風暴以來，台灣關廠歇業或裁員減產情況頻生，因之失業人數暴增，去年勞資爭議人數近十萬人，創下歷年勞資爭議最高紀錄。另就近日台灣勞工陣線公布報告提出，民間版失業率應高達七·二八％，約是官方版的二點六倍。其中製造業退離人數最多，批發零售及餐飲業退離人數居次，營造業退離者佔第三。比起香港的六·二％、南韓的八點七％失業率，台灣經濟情況因失業危機恐有惡化的之慮。再者。今年三月份景氣對策信號轉為藍燈，由於業者擔心景氣恐不如預期，今年一至三月核准台商赴大陸投資件數比去年同期減少了四十五·五一％，投資金額減少比率也達到了四十·一一％，顯示台商赴大陸投資出現巨幅衰退現象。

　　綜合上述資料，不只印證我們經濟景氣完全脫離低迷，可能是無法迴避的現實，更值得憂慮的是，失業人口的增加，造成就業市場趨緊，也導致人心浮動、社會犯罪率攀升，對整體經濟發展與社會安全亦將構成潛在的危機，允宜特別重視。

因應對策及芻議

　　鑒於此種情勢，為因應經濟不景氣所衍生之勞工失業問題，政府若不思加檢討，屆時，成長的經濟福利將不再由全民所共享，而它所隱含的社會與和諧的意義，也勢必付出很大的代價，為此，決策當局理應預為綢繆，妥擬因應對策為上。筆者在此研擬建議如下：

　　一、將青輔會納入勞工行政的就業服務體系，建立全台就業服務網站，健全就業服務機構之業務功能。二、加強辦理勞工教育、職業培育訓練、勞工諮詢服務、協助就業轉業、提供生活輔導暨法律服務。三、調整職訓方針、擴大辦理技能檢定、落實職業證照制度。四、規劃實施失業保險制度、放寬並提高失業給付。五、執行「勞工安全衛生法」、貫徹有效防止職業災害。六、加強勞資問題研究，避免決策與勞資需要脫節。七、通盤檢討勞工法令、保障勞工實質利益。

　　總之，為期有效解決失業人口的問題，除有待產業結

構的調整、提升工作效能、創造更多的就業機會之外,舉凡有關外籍勞工或失業給付政策實施之重新檢討亦屬必要。衷心期在政府與民眾一致地努力下,能再次攜手共渡眼前難關,進而提昇人民良好的就業環境,締造出穩定進步的安樂社會。

── 刊高雄市《民眾日報》,1999.05.05 財經專欄

美濃水庫執行策略之探析

　　美濃水庫案在經濟部「迫切性」要求與美濃族群絕大多數「反對性」要求的對立壓力中搖擺。不過，近日水資局的立場，受到來自兩方面頗多的批評，一方面是忽略「環境評估」與鄉土情懷的批評，另一方面則是對於所謂「永續經營美濃水庫長達一千二百年」的懷疑。

　　事實上，這種象徵性的廣播宣傳，反而更令人迷惑和引來爭議。換句話說，政府官員釋出一些安全保證訊息，基本上是出於情勢使然，非出於對美濃鄉土的真正關懷。因為，水庫安全標準的訂定，除了需考慮實際的政治、經濟及社會環境外，更需兼顧其技術上的可行性，其缺點則是如果技術上的困難無法保證完全克服時，是否就容許危險性的存在？而政府單位一味強制執行作業或補助的手段，可能也會傷害到環境評估的正常運作，正因此，對於水庫興建在本質上究竟對美濃居民有多少助益？及所須付出的行政成本與社會成本是否值得？此可說是當今政府單位亟待深思的課題。

美濃鄉親遭遇到的困擾

目前美濃鄉親也遭遇到下列的困擾：（一）幕後利益團體的影響：利益團體對經濟部執行美濃水庫政策，不可避免會有相當重要的影響力。縱使行政機關能堅守公共利益為原則，但政府單位受利益團體持續性運作的影響，評做報告的有效性經常受到美濃族群的質疑。然而，由於政府官方作風對美濃族群的尊重情形，以及至今未見為因應環保評估而有所加強調整，則縱使美濃水庫的預算投資再大，但仍不免予人對經濟部以經濟利益之優先追求，而對環保人文之被動應付之感。（二）政治人物的操縱關說：台灣的「金權政治」一直為人所詬病，私人或財團企業以有形的物質資源來影響政府決策，為一己換取獨享的經濟利益。很明顯地，為了符合環保評估標準以利興建作業，這些因環保評估衍生的活動給政治人物利用操縱關說的機會，也可能增加政策執行的不確定性。換言之，美濃水庫的政策，有可能是經濟利益擴張的原因，也是它的結果。

缺水危機首在管理問題

南台灣地區的水域，經過數十年來追求高度經濟發展和無限制的開發土地資源的結果，水污染與缺水問題之嚴重性已是有目共睹之事實。然而，在美濃水庫興建的規劃

上，雖已相當意識到水質污染及缺水的嚴重性，但究竟污染整治要等到什麼程度和我們的社會願意付出多大代價來完成回復河川生命力，則似乎沒有明確的答案。為求缺水問題的落實解決，主要仍在於管理方面，筆者針對問題提出有關因應對策之芻議如下：

一、大高雄現階段迫切的水污染防治系以水源水質的改善最受關切。但在衛生下水道系統尚未全面完成前，實無法對河川恢復生命力有太多的幫助。所以，應致力整治重要河道，積極爭取經費，或興建地下水庫，做為短期內南部地區枯水期的替代水源，並反省水庫分析架構，是否有可能提出更符合實際情形的替代方案。二、由於面對美濃的環境問題涉及較大的空間範圍，與較多美濃族群之利害攸關，故往往無法單獨由水資局的運作加以解決，而必須提升到行政院制定環境政策的層面，經由高屏三位縣市首長或民代表參與公共決策的方式，在各種方案與作法的利害之間取得平衡而形成新的共識，最後再落實到行政與管理的層面，才能有效的處理與解決缺水及水污染危機問題。

綜上所言，未來如何提升全體市民對水污染防治認知與參與感，進而產生社會壓力督促政府官員積極整治水源確實實現，以及如何有效配合環保警察強硬管制的稽查制度，並加強轉化業者主動開發與使用更有效減廢減量之工

業製程與防治投資等策略，凡此，皆是所有關心南台灣水源者亟應深思的問題和努力的方向，期在未來，行政院能受理重新審核美濃水庫評估結果，終能客觀地瞭解未來環境受影響及可被容忍的程度如何，以作為水庫執行策略的重要歸向。

─── 刊高雄市《民眾日報》，1999.04.20 學者專欄

基層金融改革刻不容緩

　　東港信合社爆發挪用存款弊案，遭財政部緊急處分以來，一場基層金融風暴似乎醞釀開展。由於基層金融是我國金融體系最脆弱的一環，隨著今年第二季以來，銀行逾放比率逐漸攀升，企業紓困延債期也逐漸到期，尤其是基層金融平均逾放比去年高達百分之十二，為此，在當今金融改革過程中，基層金融是否能順利通過競爭之考驗，一直是令財金當局引以為慮的課題。

基層金融經營之難題

　　台灣的金融體系中，最重要者為貨幣機構，包括中央銀行和可創造存款貨幣之金融機構。後者又可分為本國一般銀行（包括商業銀行、儲蓄銀行、專業銀行）、外國銀行在台分行、中小企業銀行、信用合作社、農會信用部及漁會信用部。其中，中小企業銀行、信用合作社與農漁會信用部等三類金融機構，合稱為基層金融。

　　近年來，隨著銀行家數增加，直接金融快速成長，對傳統存放款市場造成衝擊，銀行業紛紛進行轉投資，但由於不景氣以及過度競爭下，銀行業所面臨的經營環境已不

如往昔，許多本國銀行發生虧損，尤以地區性的中小企業及基層金融最為明顯。根據最近公佈的資料顯示，整體銀行平均逾放比到今年已達百分之五點一七，其中逾放金額約七千億元，呆帳高達三千五百億元，此亦使金融危機蠢蠢欲動。

目前，基層金融在經營上，所遭遇的主要問題有二：（一）、資產規模較小：一般說來，其規模皆比本國一般銀行小，大約只是本國一般銀行的三分之一至十分之一左右。（二）、放款成本偏高：基礎金融的放款對象多為中小企業與一般個人，平均每戶的放款金額相對地較小，且風險也較高，因此，放款成本比普通商業銀行為高。而存款客戶多具地緣關係，因此，對貸款客戶之徵信，也可能較商業銀行方便。正因成本過高，故有時犧牲儲蓄者之部分報酬，以作為資金投資和生產行為。然而，一旦銀行資金若分配過程不當，便加深資源配置扭曲（distortion）程度。

近年來，全台基層金融機構危機事件頻傳的現象，不僅導致金融險些失序，甚或成為窒礙經濟成長之瓶頸。所幸者，日前，行政院宣布將推動成立金融監理委員會或金融監理總署，財政部亦隨後公布「金融業合併法草案」的具體內涵，並已針對當前金融改革進行全盤檢討，評估將金融檢查與存款保險業務獨立運作的可行性。此重大改革措施，已為台灣金融體制全面革新描繪了一幅藍圖。

正本清源的解決之道

　　於今，面對基層金融危機再度發生之際，政府首要工作，就是穩定當地民眾的信心；其次，針對台灣基層金融體制的現有缺失，主要係因法令不周全、與欠缺守信觀念因素而起，正本清源的解決之道，當在就這幾項癥結痛下針砭。筆者建議：

　　（一）、儘速設立獨立超然的金融監理專責單位：運用魄力與決心徹底擺脫政商勾結，以消除傳統管制下的特權與種種在合法管制掩護下的不當掛鉤行為，才能收到監理整合的效果。

　　（二）、落實金融檢查及存款保險制度：以達到事前防範的作用，對違規經營者加重處罰的規定，並確實執行，避免危及整體金融體系安全。

　　（三）、建立並強化銀行的信用評等制度：慎選基層金融機構之董監事及高級經理人員，並加強董監事之職能。

　　（四）、幹部管理體制改革：培養守法重信之觀念，銀行隨時留意其客戶資金調度情形，一方面可控制資金流通與實物生產之管道，另方面則可避免資金之錯誤配置，以降低借貸之風險。

　　—— 刊高雄市《民眾日報》，1999.財經專欄

掃除黑金　唯賴選民

　　當今社會黑金滿目，這到底是政府之疏忽？抑或社會結構無法迴避之現實？恐值得國人深思。

　　由於政治參與的爆炸，台灣的金權政治越來越透過選擇來進行，政黨的作用因而越來越重要。「黑金」不僅只是私人或財團試圖影響公共政策以謀取獨享私利的問題，而且，它正試圖從攫取私利轉成獲得政治支配的力量。

　　隨著總統大選日近，各政黨間自利、互鬥的現象便越明顯。可嘆的是，政黨與利益團體間的分野顯然已越來越泯而不見。這是因為利益團體，將使各自利益涇渭分明，為了相互競爭支持者，合作妥協便越發不可能。由此可知，台灣黑金政治的風貌是因應社會變遷、選舉文化、及群我意識改變所延伸出來的一種自然的社會現象。

　　總之，黑金的成因雖然無法控制，但是至少我們選民可以藉由選舉的影響來減少黑金政治對社會的傷害。期在未來能透過全體民眾的反省與實踐，來重新建構出一個清流的、反黑金的社會！

　　　　　　　　　　── 刊臺灣《台灣日報》，1999.08.03

事業廢棄物產量逐年增加
宜成立專責處理中心建立監測機制

　　根據環保署指出，台灣目前每年事業廢棄物產量超過一千八百萬噸，其中被列合法處理者僅只有五成八。長期以來，由於事業廢棄物無法妥善解決，導致破壞本土環境空間範圍日益擴大。今後如果不加改進，則類似汞污泥事件何時可了，猶未可知。

　　雖然，目前政府以興建焚化爐處理一般垃報，但事業廢棄物的產量逐年增加，而妥善處理率卻相當地低。為此，筆者建議：（一）、行政院應允成立「事業廢棄物專責處理中心」，並建立監測機制，徹底全面清查及改善全台有害事業廢棄物之清運及流向。（二）、對已發現有害事業廢棄物之重大污染區或居民，已因污染源所造成之傷害，給予必要之補償及追蹤調查毒污染源。（三）、積極宣傳民眾做好資源回收工作，以避免焚化爐產生戴奧辛對食物、環境、人體之破壞，而危害下一代。

　　綜上所述，期能促進政府環保管制理念及作法之釐定，以利於事業廢棄物問題的改善。唯台灣業者，也必須

由調整事業廢棄物的硬體設備改善，以及各種軟體方面的行政配合：包括規劃廢棄物垃圾處理、改善廢料清運設備、研發污染防治技術等，要求在製程中融入清潔生產的理念，降低對人類及生態環境的危害，以達到維繫台灣產業的永續發展。

　　　　　　　── 高雄市《台灣新聞報》，1999.08.08

南向政策，何去何從

　　鑑於台灣與菲律賓航權生的結果，目前兩地域間企圖建構的「伙伴關係」似乎也漸行漸遠。今後，到底「南向政策」該如何繼續執行？實為重要的議題。

　　回顧一九九三年十一月，政府為分散台灣對大陸市場的過度依賴，遂由經濟部主導，積極鼓勵台商南向投資。於是，台灣對東南亞之海外投資額，在九〇年代初期，可說是達到最高峰。然而好景不常，隨著東南亞金融風暴無情地襲捲而來，東亞各國立即面臨空前的政經危機，加上去年印尼大暴動，更令當地台商及華僑危在旦夕。如今台菲關係之前景猶原未卜，值得憂慮的是，一旦雙邊磨擦進一步擴大，必然會具有排他性，遂阻礙未來資金的進一步投資菲國。

　　為今之計，為了避免台商投資權益受損，經建會已出面表示，政府不再鼓勵台商赴菲投資。可是，為了對外經貿投資的永續性，現階段政府已擬將南向政策，重點轉移至越南及泰國。筆者以為，當前東亞經濟不景氣，投資環境已大不如昔，加以台海兩岸對峙關係又遽漲等因素籠罩下，台灣企業界短期內恐難順利地迎接此一挑戰。

　　職是之故，呼籲政府今後之南向對外投資政策，更應
以審慎態度、精確掌握經貿資訊，來輔導企業對外投資，
並協助與降低其所面對之風險。否則不但連帶波及了在東
亞投資的台商多年來的辛苦經營，同時亦將影響經濟成長
因而受挫。

　　　　　── 刊高雄市《民眾日報》，1999.08.11

磨難成就更多的愛

　　▲儘管國際社會間人情有冷暖，台灣在這樣一個重大的危機之下，迄今，仍有許多災民正在與無情的震災奮鬥。當地震陰霾未除，物質支援及救援行動又緩不濟急，正困擾著受災戶的意識時。於是，無數個等待與絕望的心，就像是一個定時的炸彈一樣，也正在一秒一秒的將受災戶趨向崩潰邊緣……。然而，其間的創痛，究竟是否已讓我們的社會有所憬悟？

　　展望未來，面對成長趨緩現實與日趨嚴重的社會問題，競相出現在各媒體時，這一切一切也將使政府當局陷入苦思。更令人憂慮的是，在未來的衝擊裡，台灣短暫的經濟痙攣亦將緊逼而來，此亦是無可避免的事實。而台灣企業界，到底要怎樣去面對這些經濟環境的變化？又該怎樣掌握去改善發展的機會？這是非常重要的。因為，明日台灣整體社會的良否，全視今日痛定思痛後的整頓內容而定。

　　此刻，台灣人也應該覺悟，我們所要揭棄的是非理性的恐懼。而我深信，台灣終將會從磨難中獲得成長與教訓，因為，歷劫震災後，所遺留下來真正最珍貴的，是台灣人

要比以前更團結了！然而，在未來除了尚需與我們的政治、經濟力量相抗衡外，且讓全體台灣同胞同舟共濟，為未來、也為子孫萬代，我們一起來打造一個真善美的社會吧！

　　　　　　　── 刊高雄市《民眾日報》，1999.09.24

讓愛心的榮光散放

　　九二一這一夜難忘，它使台灣人深刻地體會到原來生命與塵埃之間竟只是一隙之隔！雖是生命本無常，但這次地震粉碎的威力，卻使台灣瞬間即陷落成災難區。從昏夜到天明，受難者濃濃層層包裹著對親人的悲劇意識，亦不斷地在全台灣傳遍……。

　　就在此刻，來自各地他鄉的善心人的那份真摯的同情，卻不時流露出同胞間一種高貴的情操－彼此關懷。頓時，為這個功利的社會，散放出一點一滴溫煦、愛心的光芒！它照亮了不幸災民眼前的道路，也使他們燃起了一點兒瀕於絕望的希望。儘管政府缺乏完整的指揮系統，然而救難人員刻苦的精神也感動了不少的人。原來，凝聚一顆顆愛心，它就自然地啟開了真善美的境界，更切實地讓受難者體驗到什麼才是真正的患難見真情。

　　台灣人哪！所有的苦難都一再地考驗著我們，必須從困頓中磨出生存的勇氣和韌性。災難，使我們活得更有尊嚴且更堅強。於今，「重建家園」是眼前唯一的出路，也是一項國人所必須共同擔負艱鉅的使命，其之是否得以儘快實現，仍須仰賴政府、民間與企業全體同胞，共同鍥而

不捨的努力完成，而台灣能否勇敢地再度站起來，成為現代化國家也繫乎於此。

　　筆者以為，由地震所產生交通、電力、水源、建築物及生態環境遭受破壞等經濟社會失衡問題，可謂已達相當嚴重的地步。而政府如何發揮公權力，以推動儘速修復公共建設及做好安頓災戶居所實屬刻不容緩。在此，呼籲族民，我們祇有一個珍貴的台灣，期大眾一心，共體時艱，為救援工作而盡心盡力，使我們的生命，更加豐實，更有意義吧！

　　　　　　　　── 刊高雄市《民眾日報》，1999.09.26

當前經濟發展面臨的挑戰

　　自五二〇總統大選後，隨著台灣政治民主化、經濟景氣復甦的加速推動，卻也逐漸暴露出各種脫序、失衡問題，使未來經濟發展面臨更多、更大的挑戰。其中，比較難克服因應的有：基層金融呆帳、貧富懸殊擴大、環保運動興起、社會福利制度不盡完備等。基於此，未來如何結合政府與民間力量，設法因應突破，是確保台灣經濟持續穩定成長的關鍵所在。

　　以言基層金呆帳亟待解決問題：最近財政部為解決日益惡化的基層金融逾期放款問題，已修正「信用合作社農會信用部漁會信用逾期放款催收款及呆帳處理辦法」，新增條文中強化了主管機關的權限與監督責任，並藉此要求基層金融機構極轉銷呆帳。財政部此舉的確打出一個非常明確的方針，因為，呆帳再不改善，財政收支就不怎麼樂觀。換言之，要想用財政措施，對基層金融呆帳控制得當，對金融革新的推動就愈要精進。否則任憑財政政策略如何訂定，要想穩住經濟成長使之不降，未來恐怕得削減支出與提高稅收，以解決龐大財政赤字的難題。

　　以言貧富懸殊日益擴大問題：台灣股票市場的發展，

繁榮泡沫的背後，財富不均的危險亦會造成社會問題。過去一年，加權指數由五千多點漲為一萬點左右，但顯然經濟成長或企業的獲利能力，並無如此大幅度增加，且失業率趨升，已成為經濟發展中的隱憂。當務之急在於如何提供台灣人民就業市場需求，是已刻不容緩。

　　以言環保運動的影響及省思問題：近年來環保抗議事件時有所聞，可以發現政府某些政策的形式，已經迫使居民改以走上街頭的方式代替溫和的協商機制，此對經濟與整個社會均有相當地影響，亟待合理疏導解決。但從另外一個角度來看，過去比較專注於經濟的發展而忽略對環境保護的重視，如今已喚醒政府與人民今後對經濟發展與環保兼顧的重視。

　　以言社會福利制度亟待改進問題：一國經濟發展所追求的目標，不僅是國家財富的累積，且必須以提高國民生活素質為理想。今日台灣，隨著所得水準的提高，社會大眾對福利制度與設施的訴求也就更為殷切。未來不論是公共衛生、社會治安、環境保護或社會福利等仍有賴政府積極推動與改善。總之，未來政府與民間如何一方面加速轉型步伐，一方面減輕調整摩擦，以適應未來經濟發展需要，仍有待全民一致的努力。

　　　　── 刊高雄市《民眾時報》，2000.4.12 社論版

強化金融機制刻不容緩

　　根據財政部統計，二○○○年三月份進出口貿易雙雙創下歷史新高紀錄，顯示台灣今年首季景氣持續復甦的榮景。正當今年首季外資急於來台卡位，投資人享受股價狂飆之際，經建會發佈，針對外資大筆匯入台股，爾後一旦撤出，效果將難以想像之告誡。依此看來，未來數月，在存有股、匯市不確定的疑慮，以及美國股票市場動盪的變數影響下，台灣經濟的確即將面臨嚴峻考驗。

　　美國，是一個人口有二億七千萬的大國，平均每人國民所得約二萬九千美元，事實上，美國聯邦儲備銀行，已成為世界各國印鈔票之共同中央銀行。而其中，美國退休金、福利金及各種互助基金，高達五十萬億美元，時而流動各地，到處尋找投機或投資機會。可是，最近從美國聯邦準備理事會擬連續第六次頻頻升息的動作，似乎透露出下半年美國經濟發展恐將逐漸冷卻的訊息，這對以出口貿易為導向的台灣經濟亦將有不利的影響。

　　回顧過去，美國經濟是亞洲經濟的火車頭，然而一九九四年墨西哥金融危機、一九九七年亞洲金融風暴、一九九八年俄羅斯金融危機等世紀末金融大災難，都肇因於國

際資金大量流入特定區域進行投機性套利或避險交易，從事大妙當地金融資產後，一走了之所致。鑒於此，自金融風暴發生後，如何建立全球性之經濟體制，已成為國際主要討論項目。反觀台灣，目前除物價問題外，匯價、股價等金融資產價值一旦波動過劇，將成為影響未來台灣經濟穩定的主要變因。據央行最新資料，到今年三月底止，外資淨匯入餘額幾近達三百億美元。然而，外資資金過度集中流向股市，流向投機性除者多，流向正常生產性用途者少，造成今日台灣已非真正之經濟操縱，而是金融操縱經濟。雖然我政府過去執行經濟自由化、國際化政策，方使民間經濟活力得以發揮，但卻未能警告外資大量資本流動於匯率或股市泡沫可能造成之危險。

綜上所言，雖然台灣股市為金融最重要之貨品，未來國際資金全球化已成為一股潮流，然而，台灣政府一方除了應順勢推動各項金融自由化外，同時須強化金融監理機制，並要求金融機構檢查評等必須增列「市場風險的敏感性」項目，以落實金融預警系統，避免未來國際資金快速移動所衍生的弊端。最後，我們呼籲政府應從整飭經濟金融紀律，嚴厲打擊犯罪，擴大台灣基礎建設等多項重大政策上多作努力。在政治上，朝野間也應打破黨派藩籬，發揮民主智慧，攜手共同建設台灣。

── 刊高雄市《民眾時報》，2000.4.19 社論版

審視濱南 《落實永續發展》

　　台灣有史以來預計投資最大規模的濱南開發案，最近由於多位立委公開要求環保署凍結審議，留待新政府決定之抗議事件，而使得今天環保署召開的最後確認是否開發濱南案審議委員會議，再度備受各界矚目。

　　據國科會報告，台灣西海岸近岸沿海資源滿目瘡痍，沿海汙染、沿岸養殖與地層下陷是海域環境面臨的一大浩劫。鑑於此，過去幾乎，政府一方面為保護海洋資源，將彰濱及嘉南沿海海埔新生地、花東海岸和宜蘭音及蘭陽海岸劃定為沿海自然生態保護區。但另一方面，卻為經濟因素而勉強通過濱南開發區，計劃開發面積幾乎佔海埔地七○％。由此觀之，一國以經濟掛帥，使得國家與國民逐漸銅臭化與庸俗化的作法，終將為環保人士嗤之以鼻。

　　誠然，濱南開發計劃包括東帝士七輕、燁隆大煉鋼廠及工業專用港三大部份，自一九九九年十二月環保署有條件通過開發後，目前正反人士爭議焦點集中於：濱南工業區面積中有沙洲、潟湖生態敏感區、黑面琵鷺的保育、工

業區大量用水來源，以及二氧化碳排放量等四大問題。由於濱南開發計劃位於國內最大的沙洲及潟湖區，是南台灣重要漁業生產地，保育人士大致認為，一旦開發後，恐會衝擊當地生態資源甚至影響珍貴稀有黑面琵鷺的棲息環境，最後，也終將對海岸沖刷造成重大的破壞。

　　事實上，整個濱南案最大問題就在用水上。開發後對南部地區的民生、農業以及鄰近台南科學園區用水所產生的排擠效應將造成相當大的影響；未來南台灣的民生和其他用水，可能陷入一場「水資源爭奪戰」的危機。於是，為了供應濱南案大量用水，就牽涉到必須超域引水或興建美濃、瑞峰兩座水庫以資解決用水問題。可是，萬一未來新政府終止美濃水庫興建，則濱南工業區亦將面臨缺水可用的窘境。

　　於今，環境署為了評估高耗能、水資源，對生態環境衝擊頗深的開發案，前前後後，已審議了足足四年多的時間，迄今仍頻頻表現出高度重視經濟發展，又難以割捨環境保護的矛盾情懷。一旦政府為追求經濟成長的開發投資，如果未能兼顧環境評估確實考量，結果極可能也必須由後代來付出鉅額社會成本的慘痛代價！

　　台灣，隨著工業升級發展，的確創造了耀眼的經濟果實，卻也同時種下了迄今難以有效解決生態、社會環境惡

化、能源危機等問題的夢魘。為此，誠摯寄望環保署能做出明智的抉擇，而新政府今後也應以落實永續發展為理念，審慎評估重大開發案，方為上策！

—— 刊高雄市《民眾時報》，2000.04.25 社論版

金融監理制度　極待整頓

　　針對央行今年排定實施專案金檢的二十三家金融機構第一波掃黑行動、積極鎖定民代銀行展開一系列深入地檢查後，赫然發現中興銀行超貸弊端，此行動令人聯想到，未來金檢過程中，體質較差的金融機構是否能順利通過競爭之考驗，實值得深思。

　　資料顯示，截至一九九九年，整體銀行逾放金額約七千億元，呆帳高達三千五百億元。過去幾年，台灣某些金融機構危機事件頻傳，不僅導致金融險些失序，甚或成為窒礙經濟成長之瓶頸，為了挽救景氣維持整體金融穩定，財政部只好提出政府補貼金融機構以打鎖壞帳的策略，並降底銀行營業稅率，據估計國庫相對損失七、八百億元的營利事業所得稅收入。接更研擬逐步裁撤農會信用部，公布「金融業合併法草案」等措施，期為台灣金融體制全面革薪描繪了一幅藍圖。然而，金融機構壞帳的沈疴，豈是短時間內就能一勞永逸地解決？

　　於今，逾放比過高的金融機構之規模與立地條件已面臨經營困境，財務結構逐漸惡化，復以地方派系利益糾葛，

致長期以來各種改革方案效果並不十分顯著，其中，基層金融因地方派系勢力的掣肘或民代施壓而使改革之多舛，這也是政府動輒用國庫資金解決基層問題最引人詬病之處。雖然最近有不少規模較大、獲利績效較佳的基層金融已逐步改制為商業銀行；唯基層金融若無法轉型，實難企求長遠的發展。

綜上所述，為避免爾後金融危機再現，新政府金融政策之推動重點，當就以下幾項癥結痛下針砭。在此建議：（一）、儘速設立獨立超然的金融監理專責單位，擺脫在政府行政單位之下來監理，並統一基層金融機構管理，以收到監理整合的效果。（二）、必須有金融紀律化之相滿配套機制，運用魄力與決心徹底擺脫政商勾結，以消除以往傳統管制下的特權超貸與種種在合法管制掩護下的不當掛鉤行為，並嚴懲所有失職的金融相關人員，倘不能做到割除地方派系利益輸送帶，整頓金融紀律則難以實現。（三）、建立並強化銀行的信用評等制度並落實金融檢查，以達到事前防範的作用及金融透明化的目的。（四）、積極統合對銀行、期貨、證券及保險業的監理事權；考慮設置不良金融資產處理機構。

總之，我們對於政府的信心，不能老是建築在歌頌過去上，而是建築在「反省」的唯一基礎之上。寄望新政府在整頓金融秩序之際，台灣金融業亦能加速改革步

伐，以適應快速變遷的國際金融趨勢，順利通過競爭之
嚴格考驗！

　　── 刊高雄市《民眾時報》，2000.05.03 社論版

從核四看「國家能源政策」

　　核四政策之發展與形成；來自多年多經濟部的能源政策，扮演關鍵性的催生作用；然而，新科經濟部長林信義表示核四預算執行應暫緩，顯見新政府在環境體制上的革新。於今，核四它最大的影響面是：未來重新評估後是否要停建，抑或要改採其他替代方案。特別是對當前核四工程已完成三十％，停建將面臨巨額損失與北區電力不足的惡運。為此，核四存廢問題已蔚為朝野間爭議的主流。

　　在台灣，目前電力發展仍是以核能、火力、水力為主要的電力來源。由於經濟發展是台灣賴以生存之所繫，故各界除關懷核四所引發的環保顧慮之外，也擔心核四一旦停建，台灣經濟將損失逾八百億及國際信譽受損等衝擊。平實而論，在翻騰的歷史長河中，核能電廠運轉大抵上安全無虞，對百姓造成的直接傷害並不大；而是突發性地核能外洩或核廢料這千年不衰的放射物質，所遺留給子孫的間接傷害才嚴重。正因一個錯誤的意外，導致生態的破壞，不是可以輕易復原的，使得當今要檢討該四存廢，讓台灣

經濟永續發展，非得徹底檢討改進能源政策不可。

　　回顧過去十年，反核運動時而興起，「國家能源政策」一直備受強烈的質疑。一直到九二一大地震之後，由於中寮高壓變電所被震垮，造成全台大斷電及產業經濟的重創；雖然台電員工積極強修輸電線路，長期以來也一直默默的努力、不斷的改善，但是他們的辛勞仍難以彌補錯誤的能源政策對台灣所造成的傷害。眾所皆知，核廢料是該電廠生產過程中必須忍受的價值，但也由於這些反核行動，使台電不得不重新考量環境成本的重要。在諸多反核鬥士批評的浪潮中，也正考驗新領導者施政的態度，相信有魄力的新領導人必能共同為國家永續發展作一明智之抉擇，以創造經濟發展與環境保護雙贏局面。

　　綜觀上述，企盼相關單位能積極採取以下的配合措施：

　　（一）、為提供台灣高科技產業緊急之需，請儘速通過電力自由化，允予設小型獨立電廠，並建立完善的區域輸電網路。（二）、會同產經學界研究改採究改採興建天然氣廠等替代方案，利用示範解說或協議方式取得當地居民之信賴，並明訂公共安全之承諾與條件規範。（三）、政府加強勸導淘汰高污染、低效率之產業，鼓勵台灣能源密集工業（如石化、鋼鐵、水泥、造紙等）業者多利用新能源替代。（四）積極研發太陽光電能（PV）之開發，來

全面提昇能源技術與效率，以消弭二氧化碳充斥的可怕危機。總之，爲了使經濟及生態環境創造永續發展，朝野間更應密切協商，以避免興利不成，反爲日後加強景氣波動下降之禍首。

—— 刊高雄市《民眾時報》，2000.05.10 社論版

正視財金政策之難題

　　報載，截至目前，中央政府累計債務已高達二兆二千億以上，顯見財政的負擔日趨沉重。而新政府為推動多項社會福利政策、籌措財源起見，近來的財政構思，逐漸露出轉向加稅之徵兆。於今，在中興銀行、台開信託事件陸續發生後，債信較差之金融機構似乎已見捉襟見肘的窘境。為此，如何研擬一個放眼未來，立足於長期視野的財金計畫，已備受考驗。

　　眼前就九二一地震重建經費估計，未來五年至少還要投入四、五千億元，加以兌現福利方案下詹年至少需三百億元。然而過去政府的兩稅合一以及大幅調降金融營業稅等，導致政府租收逐漸減縮，實則，這也是構成台灣發生財政趨緊的背景主因之一。當今社會，如果設定的財金政策，確能保護人民自我努力所獲的果實，則經濟成長將更多也更快；換言之，唯有奠基在租稅公平之上的加稅政策，才有可能獲得民眾的支持與擁戴。此外，如果我們要建立一個更穩定的新經濟秩序，那麼，對金融機構弊端就不能不加整頓。當務之急政府應擬訂讓金融監理資訊適度透明化，並定期揭露法定逾放比率及承受逾放的部分，以加強

金融控管機制，則對整經的穩定應有正面影響。

其次，無論是股市繁榮泡沫或中共外在的危險性，台灣的內外在危機究竟是否會在此過程中，經濟成長受到收縮或抑制？恐怕不容過度樂觀。財政部若能瞭若指掌，就能迅速採取因應措施，不致使整經一發不可收拾。維今仍有很多財金單位一味地抱持景氣樂觀的態度，但是具有遠瞻的人已經從很多傾向中洞察出財政困窘的隱憂。雖然現實總難如人意，但新政府若拖延改革、重建的步調，未來可能會引起更大的災害。為了使台灣經濟免於陷入困途，不可避免地，民主政治下新政府的財政支出預算若一再地膨脹，將形成社會的一大負擔，我們認為，未來擬從檢討並取消特定產業或身分別的租稅減免著手，而台灣繁榮的關鍵仍繫於能否巧妙地善用寶貴的「人力資源」。

縱上所言，正因要重塑一個甫自過去出現的黑金政治結構並不是容易的事，在這政黨輪替轉型過程中，我們必須將金融弊端轉化為積極的改革行動；社會治安的亂象轉變成有紀律性的安定環境；政治上的腐化官僚轉變成盡忠職守的守法人員。除非這些轉變已可期待，否則的話，重建經濟將無從開始。新政府當局對眼前的財金困局，或許可以強化其改革意志，但是要徹底改變基本經濟成果的結構與社會平衡，則有賴於台灣全民一致地努力，一起勇敢地踏過重建經濟的道路上！

—— 刊高雄市《民眾時報》，2000.05.17 社論版

唯互惠　《共創經貿榮局》

　　兩岸關係隨著五二○總統就職演說後，的確已相當程度反映出大陸台商的尷尬處境。於今，面對中國可能在經濟上對台施壓的轉向，新政府如何因應接踵而來的政治困局，已備受考驗。

　　眾所周知，台灣面積只有中國大陸千分之三，人口數為五十五分之一。長期以來，兩岸在土地、人口與自然資源上的懸殊比例差距，給予台灣外交上、經貿上強大的壓力，造成中共動輒以中央對地方態勢加諸台灣，迫使國際政治接受其為「中國唯一的合法政府」之主張。就台灣而言，中國官方迄今不願妥協之議題即台灣強調之主權獨立！此亦造成台海兩岸之經貿關係無法與雙方之政治考量脫節之局面。然而，據大陸方面統計，台商赴大陸投資的協議金額已逾四百二十億美元，實際到位金額逾二百四十億美元；加以九八年下半年，一份備具高度統戰意味的「台胞投資保護條例實施細則」草案出爐，更顯出中國當局極力拉攏台商之企圖。總得來說，中國官方朝藉兩岸經貿之

互賴關係，來加深我方對大陸經貿之依存度，以促成最後
之統一。

　　誠然，台海兩岸如此熟絡之經貿關係主因，係雙方互
惠利之考量。例如在台商眾多的閩、奧等省份，大陸憑仗
廉價的勞動成本、廣大的市場條件，在改革開於二十一年
來，已躍升全球僅次於美國的外資吸收國，而台灣則是供
大陸勞力密集所需之資本與技術以及國際行銷的經驗。可
惜時至今日，中國卻反以經濟利益做為要求特定台商政治
立場轉向的誘導。為此，今年台商在大陸的經營不僅調適
力要強，同時如何及早規劃財務投資是未來嚴峻的挑戰。

　　當今海峽兩岸在政治關係低迷，經貿關係卻仍須保持
熟絡之際，中國積極努力爭取加入世界貿易組織（WTO），
已可望在二〇〇〇年九月後入會。新政府如能逐步化解兩
岸難題，則未來的政局發展會形穩定。在可預見的未來，
美國仍會持續關注台灣的安全，共軍迄今不願輕起戰端，
美國對台干預的可能性亦是迫使中國裹足不前的關鍵因
素。目前，大陸一方面樂見利用世貿組織，推動兩岸穩定
成長，另方面又擔心台灣在國際場合與其他國家進行國與
國的官方接觸可能助長在台灣的分裂思想。從大局來看，
現今兩岸人民經濟生活差距尚遠，更需要充裕的時間整
合。在此，誠摯期望兩岸當局先從經貿方面求發展與突破，

儘量在不走極端的原則下，努力於無爭議的廣大空間。唯
如此，兩岸和平的生機，才能落實有「經貿關係」上共同
發囉！

　　── 刊高雄市《民眾時報》，2000.05.24 社論版

南台灣缺水因應之道

　　自總統大選後，許多在以往努力專注於發展經濟時未能兼顧環境保護的問題都彷彿在最近紛至香水；其中，美濃水庫興建與否是亦是最大議題之一。目前高高屏三縣市已成立水資開發小姐，積極尋求替代水源方案；經濟部亦將提出吉洋人口湖等五個「塡補方案」。然而，以美濃水庫須耗資數百億重大的計畫，若稍有不慎，所產生危害、衝擊也相當大，新政府是否要停建抑或執行？實需要一步深思、檢視。

　　其實，造成反水庫之聲浪不斷，追根究底，仍爲南台灣缺水及水資不穩定的陰影隨時存在所致。唯台灣因處於歐亞版塊與菲律賓版塊的衝撞區，地質大多脆弱，這也是當前南台灣水庫常有淤積嚴重及破壞生態環境之虞，使得未來數年南部水資源太少、太髒的問題日益嚴重。爲此，經濟部堅持美濃水庫爲供應民國九十五年（2006 年）後的民生、工業用水；應繼續執行與建。其次，水庫興建另一因素，主要也包括濱南在內的幾個工業區開發用水的需求。

　　雖然七輕已通過環評，但濱南工業區內將成立水鳥保護區，未來要將保育用地換成工業用地，就區域發展之必要性而言，恐將存有爭議。由上觀之，反水庫人士早已指出了美濃水庫問題的複雜性以及興建的必要性均不夠完整，一旦造成無法挽回的生態與環境破壞，其正當性有必要被質疑。過去，美濃族群對政府環評的過程相當注意，原因就在要找出不確定的因素在政府政策計劃當中所出現的問題，這一發展也使得原本較隱含的環評問題被凸顯出來，對我政府未來從事環評的單位有極積極的導引作用。

　　鑑於南台灣缺水的迫切性，謝長廷市長已於日前親自向總統提治水建言；於今，新政府亟需採取強烈的改善行動，俾扼止南部日益惡化的缺水窘境。筆者以為，為避免爾後面臨水資源危機的衝擊；除了居民對水資源的消費應力求節約與愛護外，改善方案諸如：（一）、儘速成立「高屏溪流域管理局」專責機構，早日完成興建高高屏自來水公司。（二）、儘快核定「大高雄地區自來水後續改善工程計畫」，並積極興建高屏溪及東港溪流域的汙水下水道，以改善高屏溪中、下游水責。（三）、加重修訂環保及刑責，設定及監督各種事業單位廢水、廢棄物的排放。（四）、成立「環境資源部」，研討各種水庫解決方案；並請自來水公司加速管線更新，提昇供水品質。總之，若能適當調

整工業需求，能源消耗及降低對生態環境破壞，並配合科技及管理方法的輔助，相信未來台灣在環保與經濟兩者發展，仍將繼續同時併進！

── 刊高雄後《民眾時報》2000.05.31 社論版

高科技產業登陸啓示

　　最近台灣部分電腦相關業因感於投資環境變遷，剛計畫出走之跡象日顯，雖然經濟部目前傾向漸進式的放鬆台商赴大陸投資限制，但也不排除日後國安捐形成政策的可能性。依投審會統計，二〇〇〇年一至四月台商赴大陸投資電子業、電器業的金額占整體比重高升至五八點六％，顯示台商赴大陸投資電子業成長速度極快；未來高科技產業否加速外移腳步。已備受關注。

　　其實二〇〇〇年以來，停建核四、美濃水庫、濱南開發案等聲浪四起，基於未來水電匱乏，以及擬取消投資抵減優惠將不利高科技業的配合環境使然台灣企業營業風險已顯著增加。據嘉納集團市調查出指出，體內現場模可望達到一百二十七億美元，極可能取代台灣成爲亞太地區最大來；尤其美國已通過對大陸的 PNTR（永久性正常貿易關係）後，大陸台商可以確保輸出美國優惠關稅，未來只要俟今年底中共加入世貿組織（WTO），國際對大陸的高科技運在一、兩年內解除，屆時台商登大陸投資意願可能

也會增加。鑑於此，新政府單位如何創造更加完善的投資環境，將攸關未來半導體業者在台的發展。

回顧過去，我政府對台商投資大陸政策的取向，經常為貿易依賴度，產業空洞化等負面的情緒所拘限。誠然，要降低台灣高科技產業外移，最根本的辦法就是提高台灣企業在兩岸經貿中心的調整彈性；除了讓許多不必移出的企業可以將主要的控制、管理、設計、行銷等活動保留根在台灣外，對於前往大陸的部份，政府也應有計畫的配合與引導。其次，若能獲得來自台灣當局的金融保險等方面的支持，企業向大陸求助資金配合的需求大減，受到操縱挾持的可能性也降低些。但是不容忽視的是，萬一兩岸關係風雲遽變，我們讓產業貿然遷延，不僅將負歷史的責任，而且台灣的命運也可能因而受到損害。

綜上所言，縱然赴大陸投資似乎是一股無法抵擋的潮流，目前唯一能肯定的是台灣有必要將戒急用忍調整為更具彈性的政策。新政府之大陸經貿政策應以積極輔導代替消極防堵，並精確掌握兩岸資訊，協助產業降低所面對之風險。一樣道理，若政府偏離現實無法給予台商適當予輔導或提供完備之發展空間；一旦大陸若能傾國家資源協助台商前往廠，並大幅吸引海內外人才前往，予以支援的話，大陸半導體產業未來將是台灣一大威脅。為此，企盼兩岸

當局能加強諧溝通,建立互競互補的經貿關係,應是兩岸人民所樂見的;但若得不到彼此的互信共榮,恐怕台商在大陸難以生根發展,而台商在大陸的投資也不會覺得心安理得。

—— 刊高雄市《民眾時報》。2000.06.007 社論

對汞泥事件的體認

　　台塑汞泥案在達成地方回饋金一千五百萬元協議後，高雄縣政府已同意台塑汞污泥在月底前回運仁武廠區，而使引起軒然大波的汞污泥事件紛爭暫告結束。然而汞污泥事件背後，真正重要的因之一是「環境政策積弊已深的無能」，其原因何在？如何改進？設使不加講求，則往後類似汞污泥事件何時可了，猶未可知。

　　過去，政府雖在一九九四年底公佈施行的「環境影響評估法」，以期改善台灣環保與經濟並重的矛盾情結，但由於施行以來收不到環條件改善的利益，以致企業因忽略環境保護，而引發一連串環保團體與居民的反經濟情結產生，造成企業與居民以資對抗的局面，最後不但對居民無益，徒然肇致經濟福利下跌的損失。特別是近年來，有如此多的社會抗議運動展開，其原因有一半是因環境破壞的急遽轉變；其中，有害廢棄物任意棄置的情況最令人憂心。

　　根據環保署指出，台灣目前每件事業廢棄物產量超過一千八百萬噸，其中被列合法處理者僅只有五成八。數十年來，每年都有上百萬噸有害事業廢棄物在台灣四處流竄，迄今已發現到一百六十九個非法置場址。據官員估算，

光是每個場址清理經費約需七千萬元。可嘆的是，每年環保署只編列數億元經費，做為垃圾掩埋場和非法棄置場址的整治之用，由此可見，能夠用於有害事業廢棄物清除的經費非常有限。基於此，長期以來，由於事業廢棄物無法妥善解決，導致破壞本土環境空間範圍日益擴大。

　　於今，當事業廢棄物問題迫在眉睫而無以往的規劃成果指引時，最近新科環保署長林俊義指出將在一個半月內提出整治事業廢棄物政策之行動，頗值得肯定與喝采。雖然，目前政府正預投入相當資金興建廿一座焚化爐處理一般垃圾，預計二年內一般廢棄物可以解決八十％，但事業廢棄物的產量逐年增加，而妥善處理率卻相當地低。為此，筆者建議：

　　（一）、經濟部工業局應全力規劃在工業區或適當場址設置事業廢棄物焚化爐，並有請環保署擴大對事業廢棄物的稽查工作，徹底全面清查及改善全台有害事業廢棄物之清運及流向。

　　（二）、對已發現有害事業廢棄物之重大污染區（如屏東縣新園鄉鯉魚山附近的汞污泥）或居民，因污染源所造成之傷害，給予必要之補償及追蹤調查並清理毒污染源。

　　（三）、積極宣傳民眾做好資源回收工作，以避免焚化爐產生戴奧辛對食物、環境、人體之破壞，而危害之下一代。

　　綜上所述，期能促進新政府環保管制理念及作法之釐定，以利於有毒事業廢棄物問題的改善。唯台灣業者，也

必須由調整事業廢棄物的硬體設備改善，以及各種軟體方面的行政配合，包括規劃廢棄物垃圾處理、改善廢料清運設備、研發污染防治改善技術等，要求在製程中必須融入清潔生產（cleaner production）的理念，降低對人類及生態環境的危害，以達到維繫台灣產業的永續發展！

— 刊高雄市《民眾時報》，2006.06.13 社論版

廢水放流亟待整治

　　最近，在梓官漁民諸批評的浪潮中，高雄海洋放流管制中心究竟應如何平息因放流工業廢水，嚴重汙染蚵仔寮海域所引發當地漁民大規模的抗議紛爭？這是經濟部工業局與放流廠商要注意的課題。

　　由於長久以來，典寶溪遭受上游工廠廢水汙染，情況極嚴重！這些廢水因含有毒物質，大多排到典寶溪出海，或滲入地下水，造成溪中魚蝦已告絕跡，對鄰近漁業生態破壞不難想像。當工業局高雄海洋放流管、政府官員與梓官鄉民正欲從中斡旋，期爭取答允向放流源廠商籌集回饋基金之際，另外一股反對的力量乃大力抨擊海洋放流管繼續存在的合理與回饋金分配不公的質疑。因為，對直接受害的梓官漁民來說，海洋生態的地位是無可比擬的。一般而言，來自當地漁民的強烈不滿，主要包含下列幾點：（一）、放流管制中心屢次縱容排放違法事業廢水，長期汙染海域，使沿海的漁獲生產愈來愈少，影響生許迄今仍深烙在漁民心中。（二）、由於漁民善遍認為，為了長期生存，漁民堅持海洋放流管遷離，絕不接受回饋。於今，事業廢水汙染，不但使蚵仔寮海域成為瀕危海洋生態的濫

觴之地，也是梓官漁民抗爭運動真正開始掀起波瀾的地點。

　　事實上，事業廢水的增加與汙染源工廠總數、排放標準之高低及政府管理能力，皆互有相關。未來如何加強溝通管道及合理回蝕梓官鄉民措施，將是決定高雄海洋放流管制中心是否遷移的關鍵因素。筆者擬提出有關因應對策之芻議如下：（一）、儘速派重要官員召開公聽會從中協調，採補助性或誘導性策略，逐步依梓官鄉民之需求，在充分民意基礎上，分階段改善影響地區形象與造成近海的汙染。（二）、積極輔導汙染源工廠遷廠或以加徵汙染排放稅來促進業者加裝防治廢汙備設外，配合嚴格的稽查制度，並嚴懲瀆職人員與違法排放業者。（三）、官民協調應以監測管制廢水中心排放之重金屬與有毒物質對水產養殖和近海漁業之影響為優先，並加以追蹤各類廢水排放情形與受其汙染之情形，期有效提出補償漁民損失之對策。（四）、未來海洋放流管制中心與建前，應先事前管制水質排放之功能，並徹底執行近海漁業生態的永續保存。

　　綜上所述，從公共政策的觀點而言，高雄海洋放流管制中心未來是否遷移的成敗，並非只單純的涉及提供梓官鄉民「回饋金」的策略而已，同時，也涉及到排放未符合原設計好之「環保標準」的適當性。當務之急海洋放流管當局除應審慎謀求因應的方案外，若能協力調整民意需求，重新尋回典寶溪的生命力，並儘快配合強制放流汙染源廠商主動改善排放廢水的科技及管理方法的輔助，則或能將日後抗爭的可能性減至最低。而經濟部，未來要怎麼

去面對這些經營環境的變化？又該怎麼去捕捉廢水放流改
善的機會？這是最重要的，因為明日南台灣近海漁業資源
的良否，全視今日所達成的改革行動而定。於今，為挽救
南部日益枯竭的近海漁業資源，環署亦應儘速通過產業製
程低汙染條例，並對被管制者要求確實達到該項標準，以
作為爾後處理廢水管制的重要依據。最後，期『以溝通取
代反對抗爭』，這將是梓官漁民生存的抗議訴求之最高表
現！

　　　　　　── 刊高雄市《民眾時報》，2000.06.21 社論版

南科園的新希望

　　在科技建設需求的前提下，台南科學園區至今年五月底，已核准四十家高科技廠商入區營運，預估南科園區開發完成後，可達年產值約台幣九千億元，並提供約七萬人之就業機會，十年內計畫投資金額將達台幣一兆五千二百億元。照此趨勢，未來南科園之發展是否成為南台灣高科技產業的重鎮，已備受矚目。

　　回顧台灣高科技產業的發展。其中以民國八〇年代的成就最為顯著，使得台灣經濟結構的脫胎換骨，也在這一段期間內孕育形成。目前，台灣資訊硬體產值全球排名第三位，僅次於美、日兩國，而軟體產業主要仍為美國主導。最近「網路之父」之稱的思科總裁錢伯斯來台參加二千年世界資訊科技大會時就曾預估，未來十年，全球每個國家都會電子化。這對台灣高科技產業發展未嘗不是一個契機？不過，值得注意的是，以當前中國大陸的經濟規模、以及平均國民所得為八百美元，在未來二十年內中國大陸可能成為全球最強的經濟體之一。前行政院務委員楊世緘日前也指出，台灣積極發展高科技產業時，就更不能忽略中國大陸未來發展的實力；在科技產業今後的發展方向

上,下一波科技熱潮會以生物科技為主。他預估,台灣積極發展高科技產業時,就更不能忽略中國大陸未來發展的實力;在科技產業今後方向上,下一波科技熱潮會以生物科技為主。他預估,台灣未來五年投資在生物科技的金額將超過五十億美元。

然而,目前南科園區規劃進度仍出現一些值得注意的問題;例如台南縣內未立案教養院問題、尚未完善規劃安定、善化、新市三個鄉鎮內擴編之四百四十公頃土地;以及闢建焚化爐、區域性掩埋場及汙水處理場的設置等問題,對於正待大力投入的企業投資意願不免有負面影響,亟待合理疏導解決。是故南科園未來所面臨的不僅是經濟本身的問題,也涉及社會、政治層面,更受到國際因素的衝擊,使得台灣企業的經營環境受到更多外界不確定因素的影響,更值得我們重視與面對。

如所周知,亞太區域共有二十餘個國家,擁有二十億的人口(全球的三分之一),掌握全球百分之六的生產及百分之四十的貿易;台灣高科技業若要維持優勢發展,就必須重新看待與規劃對大陸的投資。當前對於部分廠商在工時縮減、國安捐的疑慮、以及取消租稅減免緊縮等政策不利高科技業的配合環境下,最近表示將考慮產業外移意願已有趨增現象;鑑於此,正因半導體產業所創造的單位產值遠高於鋼鐵、石化業,且加入 WTO(世貿組織)後,對提昇台灣成為「科技島」的國際地位亦具有正面的意義,實值得政府多加重視其發展。

　　於今，南科園的建立縱然需費時費力，點滴而成，但是，為維護南科園區投資環境更趨於完善，當務之急在於環境保護與經濟發展的互相調和、勞資雙方共存共榮意識的建立，以及新政府公權力、公信力的伸張，以確保投資活動的安全。綜上所述，台灣高科技產業發展迄今階段，其突破固有賴新政府大力配合推動南科園區投資與建設，若能一方面加速工業轉型步伐，一方面減輕調整摩擦，當有助於建立現代化高科技產業，加速人文與科技發展，或可提前實現陳水扁總統所期待台灣成為『人文科技島』的美夢！

　　── 刊高雄市《民眾時報》。2000.06.28 社論版

理性看兩韓峰會

　　二○○○年六月中旬，兩韓領袖舉行首次高峰會後，揭開了雙邊一個新的政經關係，可以稱是近代史上一樁大事紀，同時，也在會議上達成了聯合宣言，而使未來南北韓的和平走向，成為全球各地關注的課題。

　　回溯南北韓關係的演變，自二次大戰後，同盟國決定於一九四八年（限放北韓三十八度以南）成立大韓民國（簡稱南韓）；同年蘇聯韓共在緯度以北成立朝鮮人民共和國（簡稱北韓）。兩韓歷經多年的分裂，終於得以理性的對話，雙方並以逐步完成統一與盼望到和平為共同的願望，而使全世界都為此舉行動。感到驚喜不已。事實上，在現在這種沒有外力介入的情況下，也是應該利用這一難得的時機，把未來兩韓發展可能遭遇到困難減少至最低，再逐步邁開和平統一的腳步往前開展。縱觀此情勢，非韓政府是已漸非共化了，未來北韓如能加速民主化和自由化，則雙方軍事對峙可以減至最低程度，這是最樂觀的局面。可是，北韓民生困境迄今仍未得紓解，如果經濟持續惡化，一味依賴南韓方面的救援，則民主之路還是很艱辛的。所以，唯有繼續經歷一次次相互交流與真誠對談的過程，在

軍事、政治、經濟、科技、人道等範圍內互利互助，方得以確保南北韓雙方邁向統一的有效運作。

由此次南北韓高峰會分析看來，共產主義意識形態並非永久不改變，既然它可能改變，也可以改變，則中國大陸的「非共化」便有可能的一天。於今，南北韓的對話使蟄伏五十年的海峽兩岸問題一一浮現出來，對所有海內外華人來說，更是發人深省。人們特別感到興趣的，或許是東歐各共黨會發生民主改革蛻變，南北韓政權也有可能將和平轉移，而中共政權能嗎？

當今中國官方可以承認南北韓之間「一個民族，一個國家、兩個政府、兩種體制」的政治對等關係，但對台灣的國際地位，卻刻意壓低，迄今仍無法承認其為一個政治實體，亦即，在中國未改變「一國兩制」的想法下，台灣人民若忽視主客觀條件，而急於推展兩岸全面性的對談或接觸，恐怕欲速則不達，而只是事倍功半。筆者以為，兩岸關係發展至今，基本上還是緊張對峙，未來中國當局的善意仍是兩岸關係的主要關鍵因素。

總的來說，兩韓的政治變遷所帶來的影響，其觸及層面甚為廣泛而深遠，非但使世人對北韓領袖樣板的面目為之改觀，而且使兩韓間長期對峙的緊張局面轉化為攜手合作的伙伴。兩韓的對談，已為世界的和平與穩定奠定良好的基礎，我們相信，在符合時代需求的南北韓問題以解決之後，亞太經濟合作勢將會展開新的一頁。至於中國當局如何看待此次高峰會呢？客觀來說，兩韓的對談模式是不

可能動搖中國政權堅持「一個中國政策」的根本的。因爲，中國的對台政策，第一，「一個中國」是指中華人民共和國；第二，社會主義和共產黨政權領導不可改變；第三，「一國兩制」是統一架構。然而，今日民主台灣五十年來已發展出自己特殊的文化、不同的生活方式，形成一獨立的生活共同體，爲了兩岸人民長期的安全繁榮，中國當局實應以平等對話，共同來解決台海緊張問題才是。總之，海峽兩岸「和平統一」是一種沉重的憧憬，其之是否得以實現，仍須仰賴兩岸當局共同爲長期和平而努力！

── 刊高雄市《民眾時報》，2000.07.05 社論版

WTO 與兩岸經貿發展

　　當前在美國將表決通過給予大陸永久正常貿易關係（PNTR）之際，加入世貿組織 WTO 的時程已迫在眉睫。預估未來數年內，大陸將實行外幣及人民幣的利率自由化指施，此外，包括外資資金地機構在內，也很快將允許投資股市。在此新一波投資大陸風潮中，如何透過實質的溝通來改善投資大陸障礙與風險，實為台灣當局當務之急。

　　據統計，台商赴大陸投資的協議金額迄今已逾四百二十億美元，實際到位金額逾二百四十億美元，顯見透過與大陸的經貿往來，兩岸經濟出現了整合的契機。於今，對大陸台商而言，加入 WTO，可以因確保輸出美國的產品獲得優惠關稅的待遇，特別是在紡織業、鞋業、成衣業、羊毛產品及其他輕工業等對美輸出行業，確為有利；此時，應把握進入大陸服務業的市場，並尋求與美商合作的機會，唯台灣農產品市場恐受到大陸華南地區的農產品大量進口而造成對農業的重大衝擊。鑑於此，為防止大陸物品不正常的大量傾銷至台灣，經濟部已著手建立「大陸物品進口覽測指標」，以揭露相關資訊、掌握時效，做為兩岸貿易政策的決策參考指標。不過，由於 WTO 嚴格規範政

府不得再透過補貼政策，以保護本國經濟。為了順應國際
自由經濟的趨勢，台灣產業界必須在經濟產品及制度上不
斷地創新與改進，國民所得水準才會持續提升。

　　綜上所述，雖然新政府已逐步將戒急用忍調整為更具
彈性的政策，並在最近放寬開放基礎工業投資大陸幅度，
未來中國大陸金融市場動盪仍然會存在必須防患於未然。
總之，台灣與大陸的經濟關係並非日本或美國所能取代，
兩岸經貿關係隨著加入 WTO 之後日趨密切，於今，最重
要的是，透過兩岸關係不斷加強，以逐步使台灣大陸的市
場經濟趨於一致，但在實質的政治外交關係層次的提高與
開拓則有待兩岸當局共同努力！

　　　　── 刊高雄市《民眾時報》，2000.08.02 社論版

開拓出清流新社會

　　日前法務部長陳定南強調，黑金政治是一個盤根錯節的共犯結構，有動搖國土之虞。據資料，台灣浪費掉或被貪瀆掉的金額，已逾五千一百億元。於今，黑金滿目，這到底是政府之疏忽？亦或社會結構無法迴避之現實？恐值得人民深思。

　　過去十多年來，在地方層面，例如公共運輸、信用合作社、農會、營造、土地開發及違規的地下經濟活動等；某些不法的利益團體向以低利貸款之便，利用炒作土地或股票而獲取暴利，這些地方性經濟寡佔便提供黨籠絡本土經濟與政治菁英的基礎。黑金文化演迄今，已造成私人或財團政治力量的抬頭，甚或親蝕到政府上層官僚組織的自主性；而某些基層金融機構許多內幕就官官相互中掩蓋，潛在危機亦不易揭露。

　　針對於此，隨著新政府上台，掃黑第一棒成果，就在南部都發局長涉貪瀆幣案裁定羈押後，行政院已通過「查緝黑金行動方案」，而台灣檢署「查緝黑金行動中心」也於七月正式掛牌運作，以象徵新政府向黑金宣戰的決心。總之，黑金的成因雖然難以控制，但是至少我們可以配合

發起全民反黑金運動，來減少金權政治對社會的傷害；今
後爲了建立起一個更爲民主與法治的環境，政治階層組織
間不和諧問題，也必須予以優先處理；因爲任何一個政府
想獲致一個安全的社會，政府施政的品質亦得相對而變，
期在未來能透過全民的反省與實踐，來改變黑暗現實，恢
復人性的美麗，重新建構出一個清流的新社會！

　　── 刊高雄市《中國早報晚報》，2000.07.29

蛻變中日本經濟的警訊

　　儘管二〇〇〇年六月份報告顯示日本民間消費支出可望改善，唯剛好轉的經濟敵不及日本首相森喜朗因用才不當，涉及收受政治獻金的醜聞，而使日本股、匯市動盪不已。七月以來，崇光百貨破產事件再度觸動信用風險的疑慮，加以金融機構依然苦於不良債權的處理。於今，森喜朗繼任日本首相後，是否能承擔起振興日本經濟的重任，已深受關注。

　　據統計，日經股價指數從一九八九年十二月二十九日所創下的最高三八九一五點紀錄後就一路下跌至一萬點以下。過去十年來，日本政府為了刺激經濟，總共投入的金額高達一兆二千億美元，還不包括用來拯救金融機構呆帳所花的數千億美元。今年首季，日本官方的失業率高達四點九％，這是自第二次世界大戰結束以來的最高點，也使日本成為亞洲地區最高失業率的國家之一。去年迄今，日本經濟雖然緩步邁向甦醒，不過復甦的力道仍十分脆弱，且又高度取決於美國經濟走向，加上公共財政赤字極為龐大，政府債務總額幾達國內生產毛額（GDP）一三〇％；迄至今年三月底合計的問題債權也已增加到約八十一兆七

千億日圓。綜上資料，未來就算首相森喜朗採取大規模的
經濟刺激方案，恐將日本財政推向更大的深淵。在所得縮
減與失業的壓力下，使得日本個人消費趨於謹慎，為此，
日本零售業、百貨業亦將持續與經濟不景氣進行苦戰。

　　綜上所言，可視為一個警訊。目前台灣股市暗潮淘湧，
股市經濟正常運作到何種程度，就牽涉到價值判斷的問
題。不過，可預見的是，台股將面臨一場嚴格的考驗。雖
然行政院已建立政府四大基金的協調機制，以強化穩定金
融為主要目標，並擬在八月初提出振興經濟對策，從房地
產著手改善之方案，然而以餘屋數高達八十萬戶的房地產
現況所潛在的問題，未來數月經濟景氣趨緩恐將旋踵而
至。而政府某些人或官員濫用金融工具操作，逐利投機，
更反映出台灣金融機構、企業經營及政府效能都必須徹底
改造，尤其加強金融紀律化及掃除黑金更是刻不容緩。總
之，新政府在確定加速推動經濟自由化及促進產業邁向再
生與改造的目標下，也要培育我們的人民養成守法與勤奮
的心境，而台灣能否早日成為「現代化」指標也繫乎於此。

　　　　　　　　── 刊高雄市《民眾時報》，2000.08.05
　　　　　　學者專欄

Author 林明理詩文作品目錄記錄
〈2007-2013.12〉

中國學術期刊

1.南京《南京師範大學文學院學報》，2009 年 12 月 30 日
出版、總第 56 期，詩評非馬，頁 24-30。

2.《安徽師範大學學報》人文社會科學版，第 38 卷第 2 期，
總第 169 期，2010 年 3 月，詩評鍾鼎文，頁 168-170。

3.江蘇省《鹽城師範學院學報》人文社會科學版，第 31 卷，
總第 127 期，2011.01 期，詩評吳開晉，頁 65-68。

3-1.《鹽城師範學院學報》，第 32 卷，總第 138 期，2012
年第 6 期，詩評魯迅，頁 44-48。

4.福建省《莆田學院學報》，第 17 卷，第 6 期，總第 71
期，2010.12，書評黃淑貞，頁〈封三〉。

4-1.《莆田學院學報》，第 19 卷第 1 期，總第 78 期，2012
年 1 月，書評星雲大師，頁〈封三〉。

5.湖北省武漢市華中師範大學文學院主辦《世界文學評論》

　　／《外國文學研究》〈AHCI 期刊〉榮譽出品，2011
　　年 05 月，第一輯〈總第 11 輯〉，頁 76-78。詩評狄
　　金森。

5-1 湖北省武漢市《世界文學評論》，第 15 輯，2013 年
　　05 月第 1 版，詩評費特，頁 42-46。

6.山東省《青島大學學院學報》，第 28 卷，第 2 期，2011
　　年 6 月，詩評北島，頁 122-124。

7.廣西大學文學院主辦《閱讀與寫作》，總第 322 期，
　　2009.07，書評辛牧，頁 5-6。

7-1.《閱讀與寫作》，總第 328 期，2010.01，詩評非馬，
　　頁 8-9。

7-2.《閱讀與寫作》，總第 346 期，2011.07，詩評錦連，
　　頁 31-32。

8.西南大學中國新詩研究所主辦《中外詩歌研究》，2009
　　年第 2 期，詩評非馬，頁 11-13。

8-1.《中外詩歌研究》，2010 年第 3 期，詩評辛牧，頁 21-22。

8-2.《中外詩歌研究》，2011 年第 3 期，書評楊濤，頁 18-19。

8-3.《中外詩歌研究》，2012 年第 01 期，詩評艾青，頁
　　17-24。

9.江蘇省社會科學院主辦《世界華文文學論壇》，2009 年
　　第 4 期，總第 69 期，詩評商禽，頁 60-61。

9-1.《世界華文文學論壇》，2010 年第 3 期，總第 72 期，書評鞏華，頁 45-46。

9-2.《世界華文文學論壇》，2011 年第 2 期，總第 75 期，詩評鄭愁予，頁 49-51。

9-3.《世界華文文學論壇》，2012 年第 4 期，總第 81 期，詩評蘇紹連，頁 18-20。

9-4.《世界華文文學論壇》，2013 年第 2 期，總第 83 期，詩評彭邦楨。

10.上海市魯迅紀念館編《上海魯迅研究》，2011 夏，上海社會科學院出版社，書評吳鈞，頁 244-250。

10-1.《上海魯迅研究》，2013 春，上海社會科學院出版社，書評吳鈞，頁 199-201。

11.河南省《商丘師範學院學報》，第 28 卷，2012 年第 1 期，總第 205 期，書評丁旭輝，頁 22-23。

11-1.河南省《商丘師範學院學報》，2013 年第 1 期，詩評周夢蝶，頁 24-27。

12.寧夏省《寧夏師範學院學報》，2012.第 02 期，第 33 卷，總第 160 期，詩評愛倫・坡。

13.全國核心期刊山東省《時代文學》，2009 年第 2 期，總第 149 期，封面刊登特別推薦林明理新詩 19 首，頁 63-65。

13-1.《時代文學》，2009 年第 6 期，總第 157 期封面刊登特別推薦散文 1 篇〈含作品小輯，詩評非馬、辛牧、商禽、大荒〉，頁 23-31。

13-2.《時代文學》，2009 年第 12 期，總第 169 期，封面刊登評論林明理詩評辛鬱、牛漢、商禽，頁 33-38。

14.內蒙古《集寧師範學院學報》，2013.第 2 期，第 35 卷總第 121 期，頁 1-5。書評聞一多。

臺灣「國家圖書館」期刊

1.《國家圖書館館訊》特載，2009 年 11 月，發表書評王璞 1 篇，頁 7-9。

2.《全國新書資訊月刊》2010 年 3 月起至 2013 年 7 月，共發表詩評及書評共 26 篇。資料存藏於國家圖書館「期刊文獻資訊網」。

http://readopac1.ncl.edu.tw/nclserialFront/search/search_result.jsp?la=ch&relate=XXX&dtdId=000040&search_index=all&search_value=%E6%9E%97%E6%98%8E%E7%90%86%24&search_mode=

第 135 期書評丁文智，第 136 期詩評楊允達，138 期書評顧敏館長，140 期詩評張默，142 期書評陳滿銘，

143 期書評魯蛟，144 期詩評商禽，146 期詩評周夢蝶，147 期詩評鄭愁予，148 期詩評非馬，149 期書評隱地，150 期詩評鍾鼎文，151 期書評高準，152 期報導文史哲出版社彭正雄，153 期詩評簡政珍，155 期詩評郭楓，156 期書評蔡登山，158 期報導文津出版社邱鎮京，159 期書評麥穗，160 期詩評楊牧，161 期詩評王潤華，162 期書評胡爾泰，164 期書評歐德嘉，165 期詩評林亨泰，171 期書評綠蒂。175 期詩評許達然。

臺灣學刊物

1.佛光大學文學院中國歷史學會《史學集刊》，第 42 集，2010 年 10 月，發表書評〈概觀吳鈞《魯迅翻譯文學研究》有感〉，頁 231-240。

2.佛光大學文學院中國歷史學會《史學集刊》，第 43 集，2011 年 12 月，發表書評蔡輝振教授，頁 181-189。

3.真理大學臺灣文學資料館發行《臺灣文學評論》，2011 年 10 月，第 11 卷第 4 期，書評莫渝。2012 年第 12 卷第 1 期書評張德本、李若鶯 2 篇。2012 年第二期書評吳德亮及詩 1 首。2012 年第三期，刊登詩 3 首，林明理畫作 1 幅。2012 年第四期，2012 年 10 月，刊登

評論西川滿，頁 76-82。

4.真理大學人文學院台灣文學系彙編，第 16 屆台灣文學牛
　津獎暨《趙天儀文學學術研討會》論文集，2012 年 11
　月 24 日收錄詩評趙天儀詩評 1 篇，頁 258-266。

中國詩文刊物暨報紙

1.北京中國人民大學主辦《當代文萃》，2010.04，發表詩
　2 首。

2.山東省作協主辦《新世紀文學選刊》，2009 年 08 期、
　2009 年 11 期、2009 增刊，2010 年 01 期、03 期、2011
　增刊，共發表詩歌 28 首及詩評張默、周夢蝶、丁文智，
　共 3 篇。

3.河北省作家協會主辦《詩選刊》，2008 年 9 月、2009 年
　7 月、2010 年 4 月，共發表 6 首詩及詩評綠蒂 1 篇。

4.新疆省優秀期刊《綠風》詩刊，2009 年第 3 期、2010 年
　第 3 期，共發表新詩 10 首。

5..遼寧省作協主辦《詩潮》詩刊，2009 年 12 月、2010 年
　2 月、2011 年 02 期封面底作家來訪臺合照照片之一〈後
　排〉，共發表詩 4 首及詩評綠蒂 1 篇。

6.香港詩歌協會《圓桌詩刊》，第 26 期，2009 年 9 月，

發表詩評余光中 1 篇，新詩 2 首。

6-1.《圓桌詩刊》，第 33 期，2011 年 9 月，詩評楊澤，詩 2 首。

6-2.《圓桌詩刊》，第 38 期，2012 年 12 月，詩評秀實 1 篇。

7.香港《香港文學》月刊，總第 303 期，2010 年 3 月，刊登 9 首詩、畫 1 幅。

8.安徽省文聯主辦《安徽文學》，2010.02，發表新詩 2 首。

9.天津市作家協會主辦《天津文學》，總第 471 期，2010 年 01 期，新詩 6 首，頁 95。

9-1.《天津文學》，總第 483 期，2011 年 01 期，新詩發表 8 首。

10.北京《老年作家》季刊，主管：中國文化〈集團〉有限公司，2009 年第 4 期書評吳開晉 2009.12。

10-1.《老年作家》2011 年第 1 期，總第 17 期，書評耿建華。

10-2.《老年作家》2011 年第 2 期，總第 18 期，封面刊登林明理照片及推薦，封底刊登水彩畫。

10-3.《老年作家》2011 年第 3 期，總第 19 期，詩評吳開晉。

11.大連市《網絡作品》，2010 年第 3 期，發表新詩 4 首。

12 湖北省作協主辦《湖北作家》，2009 年秋季號，總第
　　 32 期，頁 24-27，發表書評古遠清。

13.中國四川省巫山縣委宣傳部主辦《巫山》大型雙月刊，
　　 總第 7 期，2010 年 2 月發表詩 1 首。2010 年 4 月，總
　　 第 9 期刊登水彩畫作 1 幅。

14.山東省蘇東坡詩書畫院主辦《超然詩書畫》，2009.12
　　 總第 1 期發表詩 3 首畫 6 幅。2010.12 總第 2 期畫 2
　　 幅。2011.12 總第 3 期刊登畫 2 幅評論林莽 1 篇。2012
　　 年總第 4 期刊登畫 4 幅及評論賀慕群 1 篇。

14-1.山東《超然》詩刊，總第 12 期 2009.12 詩 6 首畫 1 幅、
　　 13 期 2010.06 詩 4 首、15 期 2011.06 詩 2 首、17 期
　　 2012.06 詩 2 首詩評莫云一篇。2013.07 第 19 期刊登
　　 評論魯光、沈鵬、夏順蔭三篇及作者得文藝獎章訊息。

14-2.山東省《春芽兒童文學》，2013.06 創刊號刊登題詞
　　 手稿，新詩一首，封底畫作一幅。

15.中國《黃河詩報》，2009 年 3 期，總第 5 期，發表詩 3
　　 首。

16.山東省《魯西詩人》，2009 年 5 月，發表新詩 4 首。

17.福建省福州《台港文學選刊》，2008 年 9 月，發表詩 5
　　 首，2009 發表詩歌。

18.四川省重慶《中國微型詩萃》第二卷，香港天馬出版，

2008 年 11 月，及重慶《中國微型詩》共發表 25 首詩。

19.北京市朝陽區文化館《芳草地》季刊，2012 年第 2 期，總第 48 期，刊登書評非馬，頁 50-57，刊物封面內頁刊登林明理畫作 1 幅。

19-1.北京市朝陽區文化館《芳草地》季刊，2013 年第 2 期，2013.06，總第 52 期，刊登書評林莽，頁 105-110。

20.遼寧省作協主辦《中國詩人》，2011 年第 5 卷，刊登詩評白長鴻。

21.福建福州市文聯主辦《海峽詩人》，第 2 期，2012.09，刊登詩 3 首，頁 30。

22.重慶市《世界詩人》季刊（混語版），總第 64 期，2011 年冬季號，詩評許其正，頁 53，封面內頁刊登作者照片一張。

22-1.《世界詩人》季刊（混語版），2012 年 11 月，總第 68 期，詩評米蘭‧里赫特，中英譯文，頁 50-53。

23.安徽省文學藝術界聯合會主辦，《詩歌月刊》，總第 136 期，2012 年 03 月，刊登詩 4 首。

24.香港《橄欖葉》詩報，2011 年 6 月第 1 期，刊登詩 1 首。2012 年 6 月第 3 期，刊登詩 1 首。2012 年 12 月第 4 期，刊登新詩 2 首。

25.廣東廣州《信息時報》2012.11.25C3 版刊登彭正雄：《歷

代賢母事略》書評 1 篇。

26.廣東省《清遠日報》，2012.08.10 閱讀版，刊登散文一篇。

27.重慶市文史研究館《重慶藝苑》，2011 冬季號，刊登詩作 2 首。

28.廣東省《清遠日報》，2012.07.02，刊登書評古遠清。

29.湖北省武漢市第一大報《長江日報》，2009 年 11 月 20 日，刊登新詩 1 首

30.河北省《新詩大觀》，第 54 期至 56 期，共刊登詩作 11 首。

31.安徽省《大別山詩刊》，主管單位：六安市委宣傳部，2012 年總第 23 期，頁 72-73，刊登得獎詩歌 1 首，收錄「霍山黃芽」杯全國原創詩歌大賽專刊，頁 72-73。

32.遼寧省盤錦市詩詞學會《盤錦詩詞》季刊，2009 年伍‧陸期，刊新詩 2 首。2010 年伍‧陸期，刊新詩 2 首。2011 年壹‧貳期，刊詩 1 首。

33.黃中模等著，《兩岸詩星共月圓》，主辦：重慶師範大學，中國文聯出版社出版，收錄林明理詩評綠蒂、雪飛二篇。

34.遼寧省《凌雲詩刊》，總第 9 期，2010 年第 3 期，新詩 3 首。

35.遼寧省《瑞州文學》2012.11 創刊號，刊登詩 2 首。

36.中國澳門《華文百花》，2013.01 期總第 18 期，2013.08
　　刊詩 4 首。

37.廣東省《西江日報》，2013.7.3，刊詩評唐德亮 1 篇。

臺灣詩文刊物報紙暨作品收錄

1.《創世紀》詩雜誌，自第 160 期至第 174 期，2013 年春
　　季止，共發表詩 17 首，詩評 21 篇。160 期詩評須文
　　蔚、周夢蝶、大荒、魯蛟、非馬、辛牧。161 期評洛
　　夫、愚溪、方明。163 期評楊允達，164 期評丁雄泉。
　　165 期評商禽。166 期評楊柏林。167 期評碧果。168
　　期評連水淼。169 期評許水富。170 期評汪啓疆。171
　　期，評潘郁琦。172 期評方秀雲。173 期評紀弦，174
　　期評朵思。

2.《文訊雜誌》，第 291 期，2010 年 1 月詩評鍾鼎文。293
　　期，2010 年 3 月詩評張默。297 期詩評愚溪。302 期，
　　2010 年 12 月書評張騰蛟。311 期 2011 年 9 月書評雨
　　弦。316 期 2012 年 2 月書評莫渝，330 期 04 月書評尹
　　玲，共發表詩評 7 篇。

3.《笠》詩刊，2008 起，自第 263 期至 297 期 2013.10 止，

共發表詩 56 首、散文 3 篇及詩評 18 篇。271 期評陳坤崙，272 期評莫渝，273 期評陳千武，274 期評曾貴海，277 期評薛柏谷，280 期評江自得，282 期評鄭烱明，284 期評莫渝，286 期評黃騰輝，288 期評林豐明，289 期評岩上，290 期評杜國清，291 期評陳坤崙，293 期評非馬，294 期評吳俊賢，295 期評李昌憲，296 期評林盛彬，297 期評王白淵。

4.《文學臺灣》雜誌，自第 72 期至 85 期，2013 春季號止，共發表詩 10 首。

5. 《人間福報》副刊，2008 年至 2013 年 11 月止，共刊登新詩 71 首，散文、閱讀版等 42 篇，林明理繪畫作品 26 幅。

6.《乾坤》詩刊，自 2010 年至 2013 年秋季號，第 50 至 67 期，共發表新詩 43 首、古詩 4 首及詩評 13 篇。第 52 期評尹玲，53 期評辛鬱，54 期評向陽，56 期評徐世澤，57 期評鞏華，58 期評辛牧，59 期錦連，60 期評李瑞騰，61 期評藍雲，62 期莫云，63 期評藍雲，64 期評楊宗翰，67 期評蘇紹連。

7.《秋水》詩刊，自 2008 年至 2013 年 01 月止，第 137 期至 156 期，共發表詩 22 首及詩評 6 篇。147 期評張堃。148 期評綠蒂，150 期評屠岸，151 期評林錫嘉，153

期評向明，156 期評綠蒂。

7-1.《戀戀秋水》秋水四十周年詩選，2013.06 出版，收錄林明理詩 3 首。

8.《海星》詩刊，自 2011 年 12 月至 2013 年 9 月秋季號第 8 期止，共發表詩 18 首，詩評 8 篇。第 2 期評喬林。3 期評鄭愁予。4 期評白萩。5 期評余光中。第 6 期書評羅智成，詩刊封面刊登林明理繪圖一幅。第 7 期詩評白靈，第 8 期書評非馬。第 9 期刊登詩評詹澈。

9.臺南《鹽分地帶文學》雙月刊，第 37 期，2011 年 12 月，刊登詩 1 首。2013.04，刊登詩 1 首。

10.鶴山 21 世紀國際論壇《新原人》季刊，2010 夏季號，發表詩 2 首。

10-1.《新原人》季刊，2011 冬季號，第 76 期，頁 214-220 詩評米蘭 1 篇。

10-2.《新原人》季刊，2012 秋季號，第 79 期，詩評伊利特凡‧圖奇 1 篇。

10-3.《新原人》季刊，第 81 期，頁 164-173，詩評普希金 1 篇。

10-4.《新原人》季刊，第 82 期，頁 150-160，中英譯詩評伊利‧戴德切克。

11.中國文藝協會《文學人》季刊，自 2010 年至 2011 年，

共發表詩 7 首及評論 2 篇。2009 年 08 月，總第 19 期畫評蔡友。2010 年 12 月詩評辛牧。

12.《新地文學》季刊，第 18 期，2011 年 12 月，刊登詩 2 首。2012 年 12 月，第 22 期刊登詩 2 首。

13.高雄市《新文壇》季刊，自第 13 期至 2013 年 10 月，共發表詩 28 首，詩畫評論共 13 篇。第 18 期評星雲大師，19 期封面畫作 1 幅，評瘂弦。20 期評謝明洲。21 期評吳鈞，22 期評林莽，24 期評蔡友，25 期書評馮馮，26 期評傅天虹，27 期評楊奉琛 28 期評陳義海，30 期畫評賀慕群，32 期書評斯聲，33 期詩評辛鬱。

14.高雄市《大海洋》詩雜誌，第 85 期，2012.07 刊登林明理詩〈吳鈞英譯〉4 首、書評周世輔一篇。

14-1.《大海洋》詩雜誌，第 86 期，2012.12 刊登林明理詩〈吳鈞英譯〉4 首、詩評愛倫‧坡一篇。

14-2.《大海洋》詩雜誌，第 87 期，2013.07 刊登評論傑克‧斐外一篇及獲新詩獎資料。

14-3.《大海洋》詩雜誌，第 88 期，2013.12 刊登詩評普希金 1 篇，詩 1 首。

15.臺北市保安宮主辦，《大道季刊》，2011 年 1 月，發表古蹟旅遊論述。

16.《臺灣時報》，2011.12.16，臺灣文學版頁 18，刊登散

文 1 篇。

16-1.《臺灣時報》，2013.6.3，臺灣文學版頁 18，刊登書評梁正宏詩。

16-2.《臺灣時報》，2013.6.16，臺灣文學版，刊登詩評蓉子。

16-3.《臺灣時報》，2013.7.4/7.5，臺灣文學版，刊登詩評林泠。

16-4.《臺灣時報》，2013.8.5，臺灣文學版，刊登詩評路寒袖。

16-5.臺灣文學版，刊登詩評 2013.8.18-8.19，臺灣文學版，刊登詩評伊利·戴德切克。

16-6.《臺灣時報》，臺灣文學版，2013.9.16 刊登詩評卡藍。

16-7.《臺灣時報》，臺灣文學版，2013.11.24 刊登序文。

17.《青年日報》副刊刊詩 4 首，2012 年 11 月 17 日刊登詩 1 首。

17-1.《青年日報》副刊，2012 年 12 月 16 日刊詩 1 首。

17-2.《青年日報》副刊，2013.3.9 詩 1 首。

17-3《青年日報》副刊，2013.4.4 詩 1 首。

18.《葡萄園》詩刊，自第 177 期至 184 期，共刊登詩文共 36 篇。

19.臺北《世界論壇報》，第 147 期至 168 期止，刊登新詩

29 首，自傳文 1 篇。

20.臺南《台灣文學館》第 32 號，2011 年 9 月，頁 68，刊
　　登詩會合照。第 36 期，2012 年 09 月「榴紅詩會」詩
　　人全體合照 2 張紀念。

21.第 30 屆世界詩人大會編印，Worid Poetry Anthology
　　2010・2010 世界詩選，2010 年 12 月 1-7 日，臺北，
　　臺灣。刊登中英譯詩 2 首，頁 328-331 及論文 1 篇〈中
　　英對照〉，頁 661-671。

22.乾坤詩選〈2002-2011〉，《烙印的年痕》，林煥彰等
　　編，收錄林明理詩〈末日地窖〉，頁 190-191，2011
　　年 12 月版。

23.葡萄園五十周年詩選，《半世紀之歌》，收錄〈瓶中信〉
　　詩一首。2012 年 7 月版。

24.《詩人愛情社會學》，莫渝編，收錄林明理詩 1 首，散
　　文一篇。釀出版，頁 87-90，2011 年 6 月版。

25.《蚱蜢世界》，非馬著，2012 年 7 月秀威出版，版收
　　錄林明理詩評非馬，頁 245-252。

26.《花也不全然開在春季》，丁文智著，爾雅 2009 年 12
　　月版，收錄林明理詩評丁文智一篇。

26-1.《雪飛詩歌評論集》，雪飛著，2009 年海峽兩岸中秋
　　詩歌朗誦會暨作品研討會論文，收藏林明理詩評 1

篇，頁 129-140。

26-2.《光之穹頂》，莫渝著，高雄市文化局策畫出版，

2013.10，收錄林明理詩評莫渝書評一篇。

27.《臺灣公論報》2013.6.17 刊登詩一首及獲文藝獎章報

導照片。

海外詩刊物及報紙

1.美國《poems of the world》季刊，2010 年起至 2013 夏季，

發表非馬英譯林明理詩 1 首，吳鈞教授英譯林明理新

詩 16 首。2010 春季號刊詩 1 首〈光點〉〈非馬譯〉，

2010 夏刊詩 1 首〈夏荷〉，2010 秋刊詩 2 首〈十月秋

雨〉〈雨夜〉，2010 冬刊詩 1 首〈流星雨〉，2011

春刊詩 1 首〈曾經〉，2011 夏刊詩 1 首〈所謂永恆〉，

2011 秋刊詩 2 首〈想念的季節〉〈霧〉，2011 冬刊詩

1 首〈在那星星上〉，2012 春刊詩 1 首〈四月的夜風〉，

2012 夏刊詩 1 首〈在白色的夏季裡〉。2012 秋刊詩〈秋

日的港灣〉，2012 冬季刊詩 2 首〈午夜〉，〈流星雨〉。

2013.春季刊詩〈看灰面鵟鷹消逝〉，2013 夏季刊詩

〈早霧〉。

2.美國報紙《亞特蘭大新聞》，2010 年 2 月起至 2011 年 7

　　月，共發表 9 篇文學評論及新詩 1 首。2010 年 7.30 詩評林煥彰，2011 年 2 月 25 日詩畫評葉光寒，2011.3.25 詩評涂靜怡，2011.4.22 詩評古月，2011.1.28 報導曾淑賢館長， 2011.1.14 書評非馬，2011.4.15 書評高準，2011.3.4 書評李浩。2011.6.10 詩評鍾順文。

3. 美國《新大陸》雙月詩刊，任作者為名譽編委，2009 年第 110 期迄 134 期止，共發表詩 45 首。第 117 期詩評葉維廉、113 期詩評非馬共 2 篇。

4. 泰國《中華日報》，2009 年 8 月 11 日，刊登新詩 3 首。